Friedrich Pinteritsch

Das Biohanf-Kochbuch

Titelbild und Grafik Titelseite: Fotolia.
Seite 37, 58, 71, 76, 80, 83, 111, 119, 125, 148, 154, 157, 169, 186: ONOFRE – GrafikDesignAgentur, Klagenfurt, alle anderen aus dem Archiv des Autors.

Layout und Satz: ONOFRE – GrafikDesignAgentur, Klagenfurt
Druck: Druckerei Theiss GmbH, St. Stefan
Printed in Austria
ISBN 978-3-7084-0355-7

Inhaltsverzeichnis

Beilagen

Fisch

Fleisch

Antike und Mittelalter

In Griechenland war im 1. Jahrhundert Hanf als Medikament bekannt. Es hatte einen großen Stellenwert in der von Dioskurides Pedanios, einem griechischen Arzt, verfassten Arzneimittellehre „De materia medica", die anderthalb Jahrtausende das grundlegende Arzneibuch blieb.

(Abbildung: Lateinische Fassung der „De materia medica" von 1544)

Im Römischen Reich (um 400) war Hanf in allen Lebensbereichen präsent. Wegen seiner vielseitigen Verwendungsmöglichkeiten war er ein kostbarer Rohstoff. Er wurde zur Herstellung von Textilien, zum Hausbau, als Nahrungsmittel und zur Herstellung von Waffen verwendet. Auch in der Medizin wurde Hanf damals angewendet. In Mitteleuropa wurde der Hanfsamen zu dieser Zeit als Nahrung genutzt. In fränkischen Backrezepten aus dem 5. Jahrhundert wurden beispielsweise „Hanfosamo" erwähnt.

Bereits im Mittelalter war Hanf fester Bestandteil in der Volksmedizin. Allenthalben war der „Hennefsamen" als Nahrung bekannt und geschätzt. Aus dieser Zeit stammen die Rezepte für die süße Hanfsuppe und das Knusperwerk. Hildegard von Bingen (1098–1179), die erste deutsche Naturforscherin und Ärztin sagte über Hanf: „Der Hanf ist warm, und wenn die Luft weder sehr warm noch sehr kalt ist, wächst er, und so ist auch seine Natur, und sein Samen enthält Heilkraft, und er ist für gesunde Menschen heilsam zu essen, und in ihrem Magen ist er leicht und nützlich, so dass er den Schleim einigermaßen aus dem Magen wegschafft, und er kann leicht verdaut werden, und er vermindert die üblen Säfte und macht die guten Säfte stark."

1776 wurden die ersten Entwürfe der Unabhängigkeitserklärung von Amerika auf Hanfpapier niedergeschrieben, genauso wie 1787 die bis heute gültige Verfassung der Vereinigten Staaten.

Hanf nahm bis zur industriellen Revolution eine Position ein, die mit der heutigen Petrochemie vergleichbar ist. Seinetwegen wurden Kriege geführt, weil die Kontrolle über den Rohstoff Hanf eine Voraussetzung für wirtschaftliche Machterfüllung war. Bevor in Europa Kohle, Erdöl und Gas im industriellen Maßstab abgebaut werden konnten und die Industrie in der Lage war, Massengüter wie Baumwolle, Jute, Sisal und Ramie aus Übersee einzuführen, hatte die Hanfverarbeitung die Funktion einer Schlüsselindustrie. Bis ins 18. Jahrhundert waren die Fasern der Hanfpflanze zusammen mit Flachs- und Nesselfasern sowie Wolle die Rohstoffe für die europäische Textilproduktion. Im Bereich Bekleidungstextilien wurden Hanffasern hauptsächlich für Oberbekleidung und Arbeitskleidung verwendet, während feinere Kleidungsstücke und jene, die gut wärmen sollten, eher aus Flachs, Nessel oder Wolle hergestellt wurden.

Bundesanstalt empfiehlt Hanföl

Bundesforschungsanstalt für Ernährung und Lebensmittel (BFEL), Standort Detmold/Münster.

Hanföl ist durch seinen hohen Gehalt an mehrfach ungesättigten Fettsäuren außerordentlich interessant für die menschliche Ernährung. Das haben Untersuchungen der Bundesanstalt für Getreide-, Kartoffel- und Fettforschung (BAGKF) ergeben. Das Fettsäurespektrum von Hanföl besteht zu 70 bis 80 % aus Linol- und Linolensäure. Diese essenziellen Fettsäuren sind für verschiedene Prozesse im menschlichen Körper, wie der Blutgerinnung oder der Entzündungshemmung, unentbehrlich.

In einem gemeinsamen Forschungsprojekt mit der Martin-Luther-Universität in Halle-Wittemberg hatte das BAGKF-Institut für Chemie und Physik der Fette in Münster, die Ölgehalte verschiedener Hanfsorten und die Qualitätseigenschaften der Öle untersucht.

Von den gängigen Speiseölen weist nur noch das Distelöl einen ähnlich hohen Anteil mehrfach ungesättigter Fettsäuren auf.

Doch auch andere chemische Details der Fettsäuren sind ernährungsphysiologisch von Bedeutung. So sollten in einer gesunden und ausgewogenen Ernährung Omega-6- und Omega-3-Fettsäuren in einem Verhältnis von etwa 4:1 aufgenommen werden. Bei den heutigen Verzehrgewohnheiten beträgt dies aber im Schnitt 10:1. Das heißt, dem Körper werden zu viel Omega-6-Fettsäuren zugeführt. Im Hanföl – beschreibt der Münsteraner Fettforscher Dr. Bertrand Matthäus die Analysen der BAGKF – liegt das Verhältnis bei etwa 3:1. Der Verzehr dieses Öles kann also dazu beitragen, das Verhältnis der aufgenommenen Fettsäuren in die richtige Richtung zu verändern.

Das Öl der Hanfsamen enthält auch einige seltenere Fettsäuren, wie Gamma-Linolensäure und Stearidonsäure, die für den menschlichen Stoffwechsel von Bedeutung sind und dadurch das Öl besonders wertvoll machen.

Auch der Gehalt an Phytosterinen liegt im Hanföl mit 3,6 bis 6,7 g/kg relativ hoch. Diese Stoffe ähneln chemisch dem Cholesterin und kommen in pflanzlichen Ölen und Fetten vor. Sie konkurrieren mit Cholesterin um die Aufnahme im menschlichen Körper und tragen dadurch zur Senkung des Cholesterinspiegels bei. Auch konnten in Tierversuchen krebshemmende Wirkungen nachgewiesen werden.

Durch seinen hohen Anteil an mehrfach ungesättigten Fettsäuren ist Hanföl relativ anfällig gegenüber einer oxidativen Schädigung. Es sollte daher keinen sehr hohen Temperaturen ausgesetzt werden. Zum Braten ist Hanföl also nicht geeignet. Verwendungsmöglichkeiten ergeben sich vielmehr in der kalten Küche, beispielsweise für die Zubereitung von Salaten. Auch einen anderen Tipp hält der Experte aus der BAGKF bereit: Hanfnüsse, in denen das Öl gut geschützt ist, lassen sich, ähnlich wie andere Nüsse auch, ausgezeichnet in Backwaren verarbeiten. Eine ganz spezielle Befürchtung oder Erwartung kann Fettforscher Matthäus allerdings zerstreuen: Der Genuss von mit Hanföl angemachtem Salat steigt nicht zu Kopf – der rauscherzeugende Inhaltsstoff ist aus den Hanfsorten, die heute angebaut werden dürfen, weitestgehend herausgezüchtet.

Das Hanfsameneiweiß – Aminosäuren

Eiweiß, auch Protein genannt, ist das Hauptbaumaterial des menschlichen Organismus. Hauptbaustein des Eiweißes sind die Aminosäuren. Enthalten ist Eiweiß in jeder lebenden Körperzelle. Haut, Muskeln, Haare, Augen, aber auch innere Organe wie Herz, Lunge, Gehirn und Nerven enthalten Eiweiß, auch in Bestandteilen des Blutes (Antikörper, Hormonen, roten Blutkörperchen), Knochen und Knorpeln kommt es vor.

Bezogen auf sein Körpergewicht, besteht der Mensch zu 20 bis 22 % aus Eiweiß, das entspricht etwa 12 bis 14 kg. Täglich werden etwa 200 bis 400 g Körpereiweißstoffe abgebaut und neu wieder aufgebaut. Das entspricht bis zu 500 g Aminosäuren. Durch diese Umbauvorgänge entstehen tägliche Eiweißverluste von bis zu 17 g, die durch Nahrungseiweißstoffe ersetzt werden müssen.

Die empfohlene Zufuhr für Eiweiß liegt etwa bei 0,8 g Protein pro Kilogramm Körpergewicht. Für Erwachsene werden dementsprechend für Männer (bei 70 kg Körpergewicht) pro Tag 55 g und für Frauen (bei 60 kg Körpergewicht) 45 g Eiweiße im Magen-Darm-Trakt in ihre Bausteine, die Aminosäuren, zerlegt. Eiweiß ist ein teurer Brennstoff, der im Organismus nicht vollständig abgebaut wird, sondern nur bis zur Stufe des Harnstoffs. Es verbrennt also ineffektiv und hinterlässt Rückstände. Bei der Verdauung von Eiweiß wird im Körper aus Stickstoff Ammoniak gebildet. Es wird entgiftet über die Leber, die es in Harnstoff und Harnsäure verwandelt. Dadurch steigt die Harnsäurebildung. Angehäufte Harnsäure kann zu Ablagerungen und damit zu **Arthritis** führen, da sich die Harnsäure im Körper nur schwer lösen lässt.

Eine bedarfsgerechte Eiweißzufuhr bewahrt den Körper vor einer Eiweißüberbelastung und davor, dass körpereigenes Eiweiß abgebaut wird. Die Proteine, die der Körper benötigt, bestehen aus 22 Aminosäuren, die die kleinsten Bausteine der Eiweißstoffe bilden. Der Mensch kann acht der 22 Aminosäuren nicht selbst synthetisieren, sie müssen daher mit der Nahrung zugeführt werden. Diese acht essenziellen Aminosäuren müssen in unterschiedlichen Mengen im Organismus aber vorhanden sein, damit der Körper die Proteinsynthese (Aufbau von körpereigenem Eiweiß) durchführen kann. Fehlt eine Aminosäure, auch nur vorübergehend, dann fällt die Proteinsynthese auf einen niedrigen Grad oder sie hört ganz auf.

Hanfsamen ist ein hochwertiger Eiweißträger, der als einziges Lebensmittel alle acht essentiellen Aminosäuren in einer guten Kombination enthält. Es genügen daher 30 bis 60 g, um die biologische Eiweißwertigkeit einer Kombination, z. B. mit Brot oder Gemüse und Salaten zu erhöhen.

Diabetische Neuropathie

Die Diabetische Neuropathie ist eine mögliche Spätfolge der Zuckerkrankheit, eine Nervenschädigung, die mit unangenehmen Missempfindungen und Sensibilitätsstörungen einhergeht.

Beim Diabetes mellitus ist der Fettstoffwechsel der Omega-6 Fettsäuren und damit die Umwandlung von Linolsäuren in Gamma-Linolensäure und die nachfolgenden Produkte (Prostaglandine, Eikosanoide) gestört. Die möglichen Folgen sind eine Störung der Mikrozirkulation des Blutes und eine verminderte Sauerstoffzufuhr der Nerven.

Hier kann sowohl therapeutisch als auch zur Vorbeugung sowie zur Behandlung der Spätfolgen des Diabetes

Gamma-Linolensäure eingesetzt werden. In Studien wurde nachgewiesen, dass die tägliche Gabe von 360 mg Gamma-Linolensäure über einen Zeitraum von über sechs Monaten, das sind etwa 12 g Hanföl (1 Esslöffel), die Symptome günstig beeinflusst werden konnten.

Die Einsatzmöglichkeiten für Hanfsamen

Aus Hanfsamen kann wertvolles Hanföl gewonnen werden. Dies wird neben dem Lebensmittelbereich auch im Naturkosmetikbereich und in der Pharma- und Kosmetikindustrie eingesetzt. Hanföl beinhaltet als einziges einheimisches Pflanzenöl die wertvolle Gamma-Linolensäure (GLA).

GLA wird sowohl in der Pharma- als auch in der Kosmetikindustrie verwendet. GLA-Präparate werden in Reformhäusern und Apotheken, meist in Form einer weichen Gelatinekapsel angeboten. Zur Herstellung dient bis heute nur das GLA-haltige Öl der Nachtkerze, des Borretsch, der schwarzen Johannisbeere sowie einiger Pilze. Allerdings ist reine GLA am Markt lediglich für Kalibrierzwecke zu extrem hohen Preisen erhältlich. In den Ölen gängiger Kulturpflanzen ist dagegen kein GLA zu finden.

Erst mit der weltweiten Wiederentdeckung der Nutzpflanze Hanf in den letzten fünf Jahren wurde wissenschaftlich bekannt, dass Hanföl zwischen 1 und 6 % Gamma-Linolensäure enthält. Hanf ist demnach die einzige Kulturpflanze, die GLA liefern kann.

Der größte Absatz im Kosmetikbereich wird heute über die Filialen des Naturkosmetikunternehmens Bodyshop erreicht. Diese haben im Sommer 1999 eine groß angelegte Imagekampagne für Hanf und Hanföl gestartet. Sogar Waschmittel aus Hanföl werden als direkte Folge des gestiegenen ökologischen Bewusstseins bereits hergestellt.

Aber Hanf ist vor allem auch eines der ältesten Heilmittel der Menschheit. Gegen Krämpfe, Übelkeit und viele andere Leiden – einschließlich Stress – liefert er eine hoch wirksame Medizin und ist gleichzeitig eine der ungiftigsten Pflanzen, die die Pharmakologie kennt.

Das GLA-haltige Hanföl ist auch als Genussmittel zu verwenden. Auf Grund seines nussigen Geschmacks eignet es sich sehr gut als Salatöl, oder als Nussersatz für Personen, die unter einer Nussalergie leiden.

Außerdem kann Hanf in Form von Hanfsamen zur Anreicherung von Müsli, Salaten oder als Zutat für andere Gerichte genommen werden. Seit zwei Jahren können die Hanfsamen auch geschält werden. Dabei werden die ballaststoffreichen Schalen entfernt und die Hanfsamen können so pur verwendet werden.

Gelenkrheumatismus (Rheumatoide Arthritis)

Der Gelenkrheumatismus gehört zu den häufigsten chronischen Entzündungen, die in verschiedenen Gelenken auftreten können. Charakteristischerweise sind oftmals Hand- und Fußgelenke beiderseits betroffen. Es kommt zu einer mehr oder weniger ausgeprägten Morgensteifigkeit, Schwellungen und Schmerzhaftigkeit der Gelenke. Zu den Gelenksbeschwerden gesellen sich uncharakteristische Symptome, wie Ermüdbarkeit, Reizbarkeit, Kribbeln unter der Haut und nächtliche Muskelschmerzen.

Die Behandlung des Gelenkrheumatismus hat sich in den letzten Jahrzehnten deutlich verbessert, allerdings sind nach wie vor viele Behandlungen mit zum Teil schwerwiegenden Risiken und Nebenwirkungen verbunden (Kortison, Salicylsäure). Eine mögliche nebenwirkungsfreie Behandlungsmethode wäre der Einsatz von bestimmten Fettsäuren.

Hierzu gehören die **Linolsäure** und die **Gamma-Linolensäure**, die im Körper eine entzündungshemmende und immunstimulierende Wirkung haben. Diese in außergewöhnlich hohem Anteil in Hanfsamen enthaltenen **Omega-3 und Omega-6-Fettsäuren** können biochemische Prozesse hemmen, die wesentlich an der Entstehung und Unterhaltung von Entzündungen beteiligt sind.

Hanf im 20. Jahrhundert

In den dreißiger Jahren des letzten Jahrhunderts starteten in der USA die Hetzkampagnen gegen Marihuanakonsumenten, die im Verlauf der Jahre immer verheerendere Formen annahmen. Der Bevölkerung wurde suggeriert, dass Marihuana ein in den Wahnsinn und Tod führendes Rauschgift sei, mit dem „Neger, Mexikaner, Puertoricaner und Jazzmusiker" das Land vergiften, und weiße Frauen verführen wollten. Die rassistischen

Kampagnen gegen die ungeliebten Minderheiten zeigten auch zusehends Erfolge – der Konsum von Hanf wurde verboten.

Durch konstante Verwendung der südlichen Terminologie „Marihuana" und der Vermeidung des bekannten, mit harmlosen Assoziationen verknüpften Begriffes „Hanf" wurde suggeriert, dass es sich hier um eine neue, hoch gefährliche Droge handle – ein Vorgehen, das selbst in Europa bis heute seine Spuren hinterlassen hat.

Trotz der Hetzkampagnen entwickelte der Automobilpionier Henry Ford 1941 ein „Hanfmobil" – ein Auto, das aus Hanf hergestellt war. Für die Karosserie, Armaturen und textile Ausstattung wurden aus Hanf gefertigte Kunststoffe verwendet und sogar der Treibstoff bestand aus Hanf. Ford hob vor allem die im Vergleich zu den benzinbetriebenen Autos überaus günstige CO2-Bilanz hervor.

Die US-Regierung legalisierte während des 2. Weltkrieges allerdings wieder den Marihuanakonsum und verteilte Hanfsamen an die Bauern. Wegen des Krieges war der Verbrauch von Rohstoffen stark gestiegen. Hanf sollte das Defizit an Fasern und auch an Nahrung ausgleichen. Dazu wurde sogar ein Propagandafilm produziert, „Hemp for victory", mit dem die Kampagne unterstützt werden sollte. Als besonderer Anreiz wurden Farmer und deren Söhne vom Wehrdienst befreit, wenn sie Hanf anbauten.

Zur dieser Zeit wurde auch überall in Europa der Hanfanbau wieder propagiert. Der deutsche Reichsnährstand gibt eine aufwändig gestaltete Lehrschrift „Die lustige Hanffibel" heraus. Das schwedische Landwirtschaftsministerium versucht, die Bürger mit der Broschüre „Svensk Hampodling" zum Hanfanbau zu motivieren.

Nach dem Krieg verlor der Hanf wieder an Bedeutung. Die chemische Industrie verdrängte ihn, indem sie das negative Image des Hanfes wieder förderte.

1982 wurde der Anbau von Hanf in Deutschland verboten, während dies in anderen europäischen Ländern weiter möglich war.
Der Anbau von Hanf war von 1982 bis 1996 in Deutschland wegen der in den damaligen Sorten vorkommenden halluzinogenen Inhaltsstoffen verboten. In dieser Zeit wurde Hanf fast nur noch in Frankreich und Spanien für die Produktion von Zellstoff angebaut.

Heute darf, streng kontrolliert, und mit vielen bürokratischen Hindernissen, von landwirtschaftlichen Betrieben Hanf zur industriellen Weiterverarbeitung produziert werden. Die EU hat erkannt, dass der Hanf befähigt ist, die gesamte landwirtschaftliche Struktur zu verändern. Daher wird der Hanfanbau und die Hanfweiterverarbeitung stark subventioniert.

Hanfsamen und Cholesterin

Rauchen, Bluthochdruck, Diabetes, Bewegungsmangel, übermäßiger Stress, das sind die Faktoren, die u. a. eine Gefäßverkalkung, eine so genannte Arteriosklerose, entstehen lassen und den Menschen zu schaffen machen. Problematisch dabei sind die Blutfette, und da ganz besonders das Cholesterin, das sich in das „gute" HDL-Cholesterin und das „gefährliche" LDL-Cholesterin aufteilt.

Das „richtige" Fett muss es sein: Die Pharmaindustrie hat viele Arzneimittel entwickelt, die den Cholesterinspiegel zu senken vermögen, und diese sind unerlässlich, wenn die Blutfette sich gefährlich erhöhen. Der Nutzen der Cholesterin-Senkung kann griffig dargestellt werden: Wird das Gesamt-Cholesterin um 10 % gesenkt, geht das Risiko einer Verkalkung der Herzkranzgefäße um durchschnittlich 25 % zurück.

Wer einen nur mäßig erhöhten Cholesterinspiegel hat, etwa bis 250 mg/dl, kann schon mit einer Umstellung dessen, was er sich auf den Teller lädt, eine deutliche Verbesserung seiner Gesundheitsprognose bewirken. Am besten wirksam ist der durchgreifende Verzicht auf Fette mit gesättigten Fettsäuren in Form einer durch einen hohen Gehalt an Ballaststoffen sowie essenziellen Fettsäuren gekennzeichneten Ernährung. Besonders wertvoll sind in diesem Zusammenhang Fette mit einem hohen Anteil an pflanzlichen Sterinen, auch Phytosterine genannt. Sie sind sekundäre Pflanzeninhaltsstoffe und Bestandteile von Sonnenblumenkernen, Nüssen (z. B. Hanf, Walnüsse) und Pflanzenölen.

Diese Pflanzensterine ähneln in ihrer chemischen Struktur der des Cholesterins. Wirksam werden sie vor allem im Darm. Dort blockieren sie durch ihre cholesterinähnliche Struktur die Rezeptoren für die Aufnahme von Cholesterin.

Inhaltsstoffe von Hanfsamen

Bei den Früchten des Hanfs handelt es sich botanisch gesehen um Nüsse (Nüsschen). Die nährstoffreichen Samen sind braun bis schwarzgrau, manchmal auch grüngrau gefärbt. Der Durchmesser dieser Nüsschen beträgt etwa 3 bis 4 mm.

Jahrtausendelang waren Hanfsamen in vielen Weltgegenden ein Grundnahrungsmittel. Hanfsamen sind ernährungsphysiologisch ein hochwertiges Nahrungsmittel. Sie besitzen ein für die menschliche Ernährung günstiges Fettsäure- und Aminosäurespektrum.

Sie enthalten im Durchschnitt 28 bis 35 % Fett, 30 bis 35 % Kohlenhydrate, 20 bis 24 % Protein, 35 % Ballaststoffe (ungeschälter Hanfsamen) und einen, im Vergleich mit anderen pflanzlichen Lebensmitteln, hohen Gehalt an B-Vitaminen (vor allem B1 und B2 und B3 (Niacin)), Vitamin E, Kalzium, Magnesium, Kalium und Eisen. Hanfsamen sind cholesterin- und glutenfrei und sind dabei leicht verdaulich.

Der Proteingehalt von Hanfsamen liegt bei 20 bis 24 %, enthält dabei alle acht Aminosäuren und ist daher qualitativ hochwertig. Hauptbestandteil ist das Globulin Estedin, das leichter verdaulich ist als das Sojaprotein und mit seinem optimalen Aminosäureverhältnis gut biologisch verfügbar ist.

Somit stellt der Hanfsamen eine sehr gute Proteinquelle für den menschlichen Organismus dar. Er kann aus dem Hanfprotein alle lebensnotwendigen Proteine herstellen. Von Gourmets des deutschen Feudalismus als „Suppe der Armen" naserümpfend abgelehnt, stellten Hanfsamen damals die Grundversorgung der Bevölkerung mit Eiweiß sicher.

Der Tagesbedarf an Proteinen, in Abhängigkeit vom Körpergewicht und der Proteinqualität, liegt zwischen 45 bis 120 g/Tag. Mit 50 g Hanfsamen ungeschält, oder 30 g geschält, werden etwa 10 g hochwertiges Protein aufgenommen.

Um aus Hanfsamen ein hochwertiges Hanföl zu erzeugen, ist eine schonende Ernte und Pressung notwenig. Die Samen sind von einer festen Fruchtschale eingeschlossen, die die Inhaltsstoffe vor Umwelteinflüssen wie Licht und Sauerstoff schützen. Zur Gewinnung des Öles müssen die Samen gepresst werden, bis das Öl austritt.

Vorzugsweise wird Hanföl kalt gepresst, damit die wertvollen Inhaltsstoffe nicht durch Hitze geschädigt werden.

Neben dem Hanfeiweiß sind die wichtigsten Bestandteile des Öles die mehrfach ungesättigten Fettsäuren Linolsäure (50 bis 70 % der Gesamtfettsäuren), Alpha-Linolensäure (15 bis 25 %) und die seltene Gamma-Linolensäure (2 bis 4 %). Dieses optimale 3:1-Verhältnis macht das Hanföl zu einem der wertvollsten Öle in der Natur. Hanföl enthält damit auch die besonders während der Schwangerschaft und dem Stillen benötigten Omega-3- und Omega-6-Fettsäuren. Als einziges Pflanzenöl enthält es daneben auch die Omega-9-Fettsäuren.

Linolsäure und Alpha-Linolensäure sind essenzielle Fettsäuren, d. h., der menschliche Organismus kann sie nicht selber herstellen, sondern muss sie durch die Nahrung aufnehmen.

Hanföl enthält weniger als 0,1 % der schädlichen Trans-Fettsäuren und ist dabei auch cholesterinfrei.

Gesättigte Fettsäuren werden vornehmlich abgebaut, um Energie und Kohlenstoffverbindungen zu erhalten, aus dem dann, bei einem Überangebot in den Fettspeicherzellen, wieder eigenes Körperfett aufgebaut wird.

GLA spielt eine wichtige Rolle bei der Entwicklung der Hirnzellen und des Nervensystems, sorgt für eine gesunde Haut und reduziert Risiken wie Arteriosklerose, rheumatoide Arthritis, Diabetische Neuropathie, Magengeschwüre, Herzbeschwerden und zu hohen Cholesterinspiegel und kann die Symptome des Prämenstruellen Syndroms mindern. Unter gewissen Umständen (beim Altern, einseitiger Ernährungsweise, Diabetes, übermäßigem Genuss von gesättigten Fettsäuren), verliert der menschliche Organismus die Fähigkeit, Gamma-Linolensäure aus Linolsäure zu erzeugen. Die GLA-Quellen sind rar, die reichste davon ist die Muttermilch. Außerdem findet man sie im Nachtkerzenöl, Cassiskernöl, Borretschöl, diese können aber im Gegensatz zu Hanföl nicht in den normalen Speiseplan integriert werden, da Nachtkerzen- und Borretschöle geschmacklich nicht als Speiseöle verwertbar sind. Daneben sind Hanfsamenlebensmittel glutenfrei und bei Zöliakie/Sprue eine wichtige Nahrungsergänzung z. B. für Ballaststoffe. 30 g Hanföl oder 100 g ungeschälte Hanfsamen reichen aus, den täglichen Bedarf an essenziellen Fettsäuren zu decken.

Keine andere Pflanzenfrucht kann sich mit dem Nährwert des Hanfsamens messen. Das besondere Verhältnis von Eiweise, Aminosäure" Proteinen und essenziellen Fettsäuren in Hanfsamen, macht diese ideal für eine gesunde Ernährung.

Hanföl gehört auf Grund seines Fettsäurespektrums in die Spitzengruppe der besten Pflanzenöle und sollte, soweit es die Kochtechnik zulässt, die üblichen Öle ersetzen. Da der Rauchpunkt bei 165° C liegt, sollte es weder zum Braten noch zum Frittieren verwendet werden, da bei diesen Temperaturen Fettsäuren zerstört und der Geschmack des Hanföls beeinträchtigt werden würde. Zum Dünsten und Dämpfen hingegen ist Hanföl sehr gut geeignet, ferner darf es bei der Zubereitung von Salatdressings, Brotaufstrichen, Marinaden und Dips wegen seines feinen nussigen Geschmacks nicht fehlen.

Außerdem macht der Zusatz von Hanfsaat oder Hanfschrot bei Gebäcken und anderen Lebensmitteln weitaus mehr Sinn, als z. B. der von Sonnenblumen, Lein oder Sesam, die im Wesentlichen nur den Kaloriengehalt der Nahrungsmittel erhöhen, ohne durch ihre Öle bzw. Proteine einen vergleichbar wichtigen Beitrag zur Gesundheitsförderung zu leisten, wie die Hanfsamen. Wegen der überdurchschnittlich hohen, ernährungsphysiologischen Wertigkeit ist das Hanfprotein hervorragend als Zusatz für Backwaren und andere Nahrungsmittel geeignet.

Das Hanföl ist die günstigste Quelle von GLA. Dieses Öl sollte gekühlt aufbewahrt werden, da es sonst schnell ranzig werden würde. Es eignet sich auch ausgezeichnet für kosmetische Zwecke (Cremen, Haarbalsam, Badezusatz etc.). Hanföl ist außerdem eine vortreffliche Basis für Massageöle, da es sowohl für die Hautpflege als auch für die Muskelentspannung hervorragende Eigenschaften aufweist. Ferner ist Hanföl auch ein wirksames Antifalten-Produkt.

Kohlenhydrate und Ballaststoffe

Schon immer spielten die Kohlenhydrate in der Ernährung des Menschen von allen Nährstoffen die wichtigste Rolle, da sie für den Menschen leicht verwertbare und bevorzugte Energielieferanten sind. Kohlenhydrate werden überwiegend in Form von Stärke, das Reservekohlenhydrat vieler Pflanzen, aufgenommen. Zu den Kohlenhydraten gehören ebenfalls Glukose, der so genannte Traubenzucker, als auch beispielsweise die Saccharose (Rohrzucker), der im Haushalt am häufigsten verwendete Zucker.

Eine weitere Gruppe der Kohlenhydrate bilden die Ballaststoffe, sie umfassen diejenigen Bestandteile pflanzlicher Lebensmittel, die von den Dünndarmenzymen des Menschen nicht abgebaut werden können. Andere übliche Bezeichnungen hierfür sind Pflanzenfasern, wie die Schalen der Hanfsamen, oder unverdauliche Kohlenhydrate. Ballaststoffe können die Verdauung und den Stoffwechsel beeinflussen. Die wichtigsten Aspekte hierbei: Die Faserstruktur erfordert beim Verzehren ein längeres, intensiveres Kauen, die verlängerte Verweildauer des ballaststoffreichen Speisebreis im Magen, die das Hungergefühl länger dämpft, das Wasserbindungsvermögen der Ballaststoffe zusammen mit deren Quellfähigkeit, die zu einer Vergrößerung des Speisebreis führen, dadurch wird die Darmwand gereizt. Dies führt zu einer schnelleren Darmpassage, was den Druck mindert und verhindert, dass krebserregende Stoffe länger in Kontakt mit der Darmschleimhaut bleiben. Die Wasserbindung durch Ballaststoffe führt außerdem zu einem nachweisbar vorteilhafteren, höheren Stuhlgewicht und -volumen.

Ballaststoffe sind in der Lage, freie Gallensäuren zu binden, das veranlasst die Leber vermehrt Gallensäuren aus körpereigenem Cholesterin zu bilden, so dass ein eventuell erhöhter Cholesterinspiegel gesenkt wird. Bei der Verarbeitung von Ballaststoffen durch den Körper werden mehr Kalorien verbraucht, als bei anderen Speisen.

Die Deutsche Gesellschaft für Ernährung empfiehlt einen Ballaststoffverzehr von mindestens 30 g Ballaststoffen pro Tag, besser sind 50 g. Derzeit werden in Deutschland nur 20 g pro Tag erreicht. Man vermutet einen Zusammenhang zwischen einer ballaststoffarmen Ernährung und Zivilisationskrankheiten, wie z. B. Krebs verschiedener Verdauungsorgane, **Herz- und Kreislauferkrankungen**.

Mit seinem Ballaststoffgehalt von 30 % trägt ungeschälter Hanfsamen, z. B. in Salaten und Broten als nussig knusprige Ergänzung oder als gerösteter Snack anstelle von Chips, seinen Teil zu einer ausgewogenen Ballaststoffversorgung bei.

Isolierte Ballaststoffpräparate sollten nicht über längere Zeit eingenommen werden, weshalb eine langfristige Nahrungsergänzung mit Hanfsamen anzuraten ist.

Koronare Herzerkrankungen

Zur Aufnahme von Fettsäuren sind im Jahr 2000 neue Empfehlungen der DGE veröffentlicht worden, die auf der Basis der wissenschaftlichen Erkenntnisse zum Einfluss der einzelnen Fettsäuren auf unsere Gesundheit, z. B. auf den Cholesterinspiegel, erstellt wurden: Außerhalb der Norm liegende Konzentrationen des LDL-Cholesterins und HDL-Cholesterins des Plasmas sind wesentliche Risikofaktoren für Herz-Kreislauf-Krankheiten. Sie können auch durch das richtige Verhältnis zwischen gesättigten und ungesättigten Fettsäuren in der Nahrung beeinflusst werden. Die gesättigten Fettsäuren Laurinsäure, Myristinsäure und Palmitinsäure erhöhen die Cholesterinkonzentration im Plasma und besonders die Konzentration des ungünstig wirkenden LDL-Cholesterins. Stearinsäure verändert das LDL-Cholesterin nicht.

Einfach ungesättigte Fettsäuren, z. B. Ölsäure, senken dann die LDL-Cholesterinkonzentration, wenn sie gesättigte Fettsäuren in der Nahrung ersetzen und dadurch die das Blutcholesterin erhöhende Wirkung der gesättigten Fettsäuren entfällt. Dem gegenüber erniedrigen mehrfach ungesättigte Fettsäuren, z. B. die Linolsäure, aktiv die Konzentration von LDL-Cholesterin. Es wird auch das in Hinsicht auf das Arterioskleroserisiko günstige HDL-Cholesterin durch Linolsäure etwas gesenkt.

In mehreren Untersuchungen am Efamol-Research-Institute in Kanada wurde bei einer Gabe von 5,8 g Linolsäure und 0,7 g GLA (ca. 23 g Hanföl) eine schnelle und effektive Cholesterinsenkung erzielt. Omega-3-Fettsäuren können bei ausreichender Versorgung das Herzinfarktrisiko um 11 % senken. Der Tagesbedarf beträgt an Linolsäure: 0,1 g (Körperwachstum, Milchbildung), an Linolensäure 0,01 g (Schutz Herz-Kreislaufsystem).

Seit Jahren ist ein günstiger Effekt von Omega-3-Fettsäuren auf Herz-Kreislauferkrankungen bekannt. Dies wird auf die günstige Wirkung von Omega-3-Fettsäuren auf den Blutdruck, den Triglyceridspiegel im Blut, die verminderte Zusammenballung der Blutplättchen und damit auf eine Verhütung der Arteriosklerose (Arterienverkalkung) zurückgeführt.

Bei Fettaufnahme eines Erwachsenen bis zu 30 % der Gesamtnahrungsenergie, sollte daher der Anteil langkettiger, gesättigter Fettsäuren maximal ein Drittel der als Fett zugeführten Energie betragen, entsprechend 10 % der Gesamtenergie.

Mehrfach ungesättigte Fettsäuren sollten etwa 7 % der Nahrungsenergie liefern, bzw. bis zu 10 %, wenn die Zufuhr von gesättigten Fettsäuren 10 % der Gesamtenergie überschreitet, um einen Anstieg der Cholesterinkonzentration im Plasma entgegenzuwirken. Dabei sollte die Zufuhr von Alpha-Linolensäure erhöht werden, um das Verhältnis von Linolsäure (Omega-6) zu Alpha-Linolensäure (Omega-3) auf etwa 5:1 abzusenken. Im Hanföl ist ein Verhältnis von 3:1 zu verzeichnen, welches als vorteilhaft zu bezeichnen ist.

Neurodermitis

Die Neurodermitis (Neuron = Nerv, Dermatitis = Hautentzündung) ist eine Hautkrankheit, die durch das Nervensystem beeinflusst wird. Die Neurodermitis ist wahrscheinlich die häufigste Hauterkrankung in Deutschland. Besonders häufig tritt sie bei Kindern auf – Tendenz steigend. Der Bundesverband der NeurodermitikerInnen geht von 3,5 bis 7 Millionen Betroffener aus.

Auslöser für Neurodermitis sind Ernährung, Allergene, Stress und das Klima. Es wird davon ausgegangen, dass die Grundveranlagung für Neurodermitis erblich ist, der Ausbruch der Krankheit jedoch beeinflusst werden kann.

Charakteristische Symptome sind entzündete Stellen vor allem in Gelenkbeugen (Knie, Ellbogen), auf der Kopfhaut, am Hals, in den Fingerbeugen, der Innenseite der Oberschenkel und Oberarme, am Dekolletee und den Handgelenken.

Neurodermitis ist eine Krankheit, die sich auf der Haut bemerkbar macht, aber die Ursachen dafür liegen tiefer. Ursachen sind innere Spannungen, die sensible Neurodermitispatienten durch Kratzen versuchen abzubauen.

Die Behandlung von Neurodermitis erfolgt heute im Allgemeinen über Medikamente, wie z. B. Kortison. In früheren Zeiten wurden Teer und Sulfonamide eingesetzt, was zu Überempfindlichkeiten führte. Die äußerliche Anwendung direkt auf die betroffenen Hautpartien war bei diesen Behandlungsmethoden die Regel.

Gamma-Linolen-Säure (GLA) ist ein Wirkstoff für die Pharma- und Kosmetikindustrie und als Nahrungsmittelergänzung schon seit längerer Zeit bekannt: In der Kosmetikindustrie werden ungesättigte Fettsäuren und vor allem Gamma-Linolensäure als zusätzliche Pflegekomponenten eingesetzt. Die Pharmaindustrie verkauft Gamma-Linolensäure vor allem als Kapseln und auch als Salbe.

Die essenziellen Fettsäuren sind maßgeblich an der Aufrechterhaltung der Barrierefunktion der Haut beteiligt, ein wichtiger Parameter hierfür ist der Wasserverlust über die Haut, der so genannte transepidermale Wasserverlust. Schon 1976 konnte nachgewiesen werden, dass durch eine örtliche Auftragung auf die Haut von Ratten, die einen Mangel an essenziellen Fettsäuren aufwiesen, der anfänglich exzessiv gesteigerte transepidermale Wasserverlust normalisiert werden konnte. Verglichen mit anderen essenziellen Fettsäuren (Linolsäure u. a.), führte die örtliche Behandlung mit Gamma-Linolensäure zur stärksten Reduktion des transepidermalen Wasserverlustes.

Das Essen von Hanfprodukten verbindet das Angenehme mit dem Nützlichen: Hanfsamen und Hanföl schmecken sehr gut und sind sehr bekömmlich und dem Körper wird gleichzeitig GLA zugeführt.

Prämenstruelles Syndrom (PMS)

PMS ist eine Vielzahl regelmäßig wiederkehrender physischer und psychischer Symptome, die im Zeitraum vor der Menstruation bei jedem Zyklus zur gleichen Zeit auftreten. Jede Frau hat jeweils nach der Menstruation im monatlichen Zyklus eine symptomfreie Woche.

Folgende Beschwerden werden unter dem Begriff PMS zusammengefasst, welche vor und in den ersten Tagen der Periode auftreten: Schmerzen im Unterleib und im Rücken in Form von Dauerschmerz oder wellenartigem Schmerz (so genannte Dysmenorrhoe), Spannungsgefühl und Druckempfindlichkeit in der Brust durch Wassereinlagerung, Blähungen, Durchfall, Verstopfung, Übelkeit, Kopfschmerzen, Migräne, Schwindel, niedriger Blutdruck, Akne, Hautveränderungen, Flüssigkeitseinlagerungen in den Beinen, geschwollene Fußknöchel, Gewichtszunahme, Stimmungsschwankungen, Depressionen, Reizbarkeit, Schlafstörungen.

Dieses Leiden hat nach vielen Jahren der Forschung nun eine weitgehende Anerkennung als Krankheitsbild gefunden: Nachdem man es zunächst allgemein als „Prämenstruelles Syndrom" (PMS) bezeichnet hat, wurde kürzlich für die besonders typische Ausprägung die Diagnose „Prämenstruelle dysphorische Störung" (PDS) eingeführt.

Eine englische Studie dokumentiert den Erfolg von Gamma-Linolensäure gegen diese Beschwerden: Nach Zufuhr von Gamma-Linolensäure wurden die Störungen bei PMS in 61 % der Fälle reduziert. 21 % zeigten einen teilweisen Rückgang der Beschwerden. Heutzutage wird PMS hauptsächlich mit Hormonpräparaten bekämpft, wovon allerdings wegen der erheblichen Nebenwirkungen und des zweifelhaften Erfolges abzuraten ist.

Zöliakie/Sprue

Zöliakie ist die Bezeichnung für eine chronische Erkrankung des Dünndarms. Tritt die Erkrankung im Kindesalter auf, nennt man sie Zöliakie, beim Erwachsenen wird sie als Sprue bezeichnet. Durch das Klebereiweiß (Gluten) verschiedener einheimischer Getreidearten (Weizen, Roggen, Hafer und Gerste) werden die Darmzotten angegriffen und letztendlich zerstört. Es wurde eine Therapie mit glutenfreier Ernährung entwickelt, bei deren Einhaltung alle Symptome der Erkrankung verschwinden, die Darmzotten regenerieren sich glücklicherweise wieder. Zöliakie-Betroffene müssen ein Leben lang glutenfrei essen, d. h. alle Nahrungsmittel, die Eiweißanteile aus Weizen, Dinkel, Grünkern, Roggen, Gerste oder Hafer enthalten, müssen gemieden werden. Dass das nicht immer leicht ist, liegt daran, dass Gluten neben Brot, Getreidegerichten, Backwaren usw., auch in Soßen, Suppen, Getränken, Süßigkeiten, Fertigprodukten und vielen anderen Lebensmitteln enthalten sind. Glutenhaltige Getreideprodukte sind häufig Fertigsuppen und -soßen, Ketschup, Fleisch- und Fischkonserven mit gebundenen Soßen, Fertigcremes, Kaffeeersatzgetränken, Kakaogetränken, Schokolade, allgemein Fertigmenüs, zugesetzt. Als Ersatz dürfen Hanfsamen, Reis, Mais, Hirse, Amarant, Quinoa und Buchweizen verwendet werden.

Als optimales Nahrungsmittel bietet sich Hanfsamen an. Hanfsamen ist garantiert glutenfrei. Sein feiner nussiger Geschmack und hoher Anteil an Ballaststoffen, Mineralien (Kalium, Kalzium und Magnesium), B-Vitaminen (B1, B2 und Niacin) sowie Eisen, machen ihn als Ergänzung in Müslis, Broten, Salatmarinaden oder als Knabbersnack in der heutigen Ernährung unentbehrlich.

Vitamin E ist besonders in Weizenkeimen und Weizenkeimölprodukten enthalten. Wer diese Produkte nicht verträgt, kann mit Hanfsamen und dessen außergewöhnlich hohen Gehalt an Vitamin E zur Vitamin-E-Versorgung beitragen.

Warum ich mit Biohanf koche,

ist wirklich dem Zufall zu verdanken. Ich hatte gerade ein biologisches Galamenü für Presse und Politik gekocht, und hielt ein Referat über die Vorzüge von biologisch erzeugten Produkten. Wie immer, stand ich auch an diesem Abend am Ende meines Vortrages für Fragen und Anregungen aus dem Publikum zur Verfügung, als mich ein Herr mit „Servus Fritz" ansprach. Ich staunte nicht schlecht, denn es stellte sich heraus, dass dieser „Herr" ein Jugendfreund von mir war. Natürlich setzten wir uns zusammen und plauderten über unsere gemeinsame Jugendzeit.

Wir hatten uns viel zu erzählen, denn wir hatten als 12- bis 13-Jährige zusammen in einer Band gespielt. Er Bassgitarre, ich Gitarre. Wir hatten die Röhren unseres Radio-Verstärkers sehr gequält, hatten aber sehr viel Ehrgeiz und vor allem auch Spaß. Der Abend verging sehr schnell und wir wollten uns nicht mehr aus den Augen verlieren.

Am Ende tauschten wir unsere Visitenkarten aus und da sah ich, dass er mit Hanf, genauer gesagt mit Biohanf zu tun hatte.

Mein Interesse war geweckt, ich wollte als Biokoch den THC-freien Bio-Nutzhanf kennen lernen.

Sofort setzte ich mich an meinen Computer und suchte im Internet nach Informationen über Hanf. Seine Geschichte ist ja nicht unbekannt, und es gab „Hoch und Tiefs" in den Jahrtausenden, in denen Hanf schon angebaut wird.

Wichtig erscheint mir aus heutiger Sicht, dass mit den alten Vorurteilen aufgeräumt wird, und der Nutzhanf seinen berechtigten Einzug in die moderne Küche hält.

Gesundheitlich gesehen vielleicht noch nie so wertvoll wie heute, enthält der Biohanf, wie im Buch schon beschrieben, so viele Wirkstoffe, dass man ihn wirklich als ein „Kraftkorn" im wahrsten Sinne des Wortes bezeichnen kann.

In der heutigen Zeit, in der jeder einen gesundheitlichen Zusatznutzen in der Ernährung sucht, empfiehlt sich Biohanf ganz besonders. Biohanf ist – wie schon beschrieben – glutenfrei und enthält somit kein Klebereinweiß. In Verbindung mit glutenfreiem Getreide, ist Biohanf ideal für an Zoeliakie erkrankte Personen.

Der Biohanf zählt ernährungsphysiologisch zu den hochwertigsten Ölfrüchten überhaupt.

Schon mit täglich 2 EL Biohanföl sind Sie dabei, und sparen sich dubiose Nahrungsergänzungsmittel von der übelsten Sorte.

Die Hanfnuss, wie Hanf botanisch richtig bezeichnet wird, ist ein reines, keimfähiges Lebensmittel. Alles drin und alles dran, nichts dazugeschwindelt und nichts entzogen.

Ein nachhaltiges, relativ anspruchloses Gewächs, ein so genannter „Pfahlwurzler", der seine Kraft aus der Tiefe der Erde und durch seine zahlreichen Blätter aus Licht, Luft und Sonne bezieht. Wobei sich gerade im Licht jene zahlreichen Informationen befinden, die der Hanfnuss ihre außergewöhnlichen Fähigkeiten geben.

Biophotonenmessungen sind der Beweis für die Existenz dieser Lichtinformationen und für Interessierte empfehle ich die Seite www.biophotonik.de, auf der Prof. Dr. Fritz Albert Popp, viel Wissenswertes und Interessantes über Biophotonik schreibt.

Aber zurück zum Biohanf und somit zu seinen kulinarischen Fähigkeiten.

Geschmacklich ist Biohanf zwischen dem würzig vollen Nussaroma und der fein zarten Herbe von Mohn einzuordnen.

Diese relativ große Bandbreite erklärt auch die zahlreichen Einsatzmöglichkeiten in der Küche. Ob süß oder sauer, pikant oder lieblich, rustikal oder edel, als Geschmacksträger oder nur zur feinen Würze einer Speise, Biohanf kann überall eingesetzt werden.

Eine Herausforderung für jeden kreativen Koch sind wohl die vielen Möglichkeiten, in denen Biohanf entweder als ganze Nuss, geschälter Samen, Mehl, Öl, Trinkhanf, oder Tee verwendet werden kann.

Es ist eine wahre Freude, sich zum perfekten Endergebnis hinzutasten, um nicht zu sagen, es ist ein Superlativ für die Geschmackssinne.

Sein volles Aroma entwickelt Biohanf durch leichtes, trockenes Rösten. Ein himmlischer Geruch und edler Geschmack ist der Lohn für diese Mühe.

Eine ganz einfache Eierspeise wird durch Würzung mit geröstetem, geschältem Biohanf zu einem feudalen Erlebnis, das obendrein auch noch gesund ist. Durch den besonderen Hanfgeschmack und dem großen Ballaststoffanteil werden die Speisen zu einem Festival für Augen, Zunge und Verdauung. Wie sagte schon Hildegard von Bingen: „Der Hanf ist warm, und wenn die Luft weder sehr warm noch sehr kalt ist, wächst er, und so ist auch seine Natur, und sein Samen enthält Heilkraft, und er ist für gesunde Menschen heilsam zu essen, und in ihrem Magen ist er leicht und nützlich, so dass er den Schleim einigermaßen aus dem Magen wegschafft, und er kann leicht verdaut werden, und er vermindert die üblen Säfte und macht die guten Säfte stark." Verdauungsprobleme sind Vergangenheit und genau das merkt man auch beim Essen. Mit Biohanf zubereitete Speisen bringen Biss für Biss neue Lebensenergie. Man spürt die wohltuende Wärme von der Zunge bis in den Magen.

Sicher ist eine gewisse „Eingewöhnungsphase" notwendig, um die richtige Menge für den eigenen, ganz persönlichen Biohanfgeschmack zu finden, aber wenn das richtige Gefühl gefunden wurde, ist es aus der täglichen Küche nicht mehr wegzudenken.

Alle Speisen in diesem Buch sind mit Bioprodukten gekocht, um die Regionalität, die Saisonalität, vor allem aber die Wertschöpfung im eigenen Land zu gewährleisten. Biohanf schließt mit seiner Nachhaltigkeit, seinem Anbau in der Region nahtlos an die heimischen Bioprodukte an und leistet so einen gewaltigen Beitrag zur Erhaltung und Belebung von Grund und Boden. Somit auch seinen Anteil zur Erhaltung der Umwelt für unsere Kinder und die nächsten Generationen.

Warum in die Ferne schweifen, wenn das Gute wächst so nah.

Gesunde Nahrung wächst unter der warmen Sonne vor der Haustüre und nicht in den finsteren Produktionshallen einiger Nahrungsmittelhersteller.

Geben Sie Ihr sauer verdientes Geld nicht denjenigen, die es nicht gut mit Ihnen meinen. Vertrauen Sie der Natur, denn wir sind ein Teil von ihr.

Mit Biohanf und anderen Bioprodukten aus der Region gönnen Sie sich und Ihrem Körper, dem Sie täglich

Bestleistungen abverlangen, wirklich etwas Gutes. Gesundheit, Wohlbefinden, Lebensfreude und Lebensqualität hängen nicht unwesentlich von guter, gesunder, biologischer Ernährung ab.

Dem Stress, dem Sie tagtäglich ausgeliefert sind, begegnen Sie am besten mit ausgewogener, biologischer Ernährung aus jenem klimatischen Raum, dem Sie zugehören. Fleisch von Tieren aus artgerechter Haltung, Eier von glücklichen Hühnern, Gemüse und Obst aus gesundem Boden, schadstofffrei ohne Gentechnik, darauf soll sich Ihr Organismus jeden Tag freuen dürfen.

Mir ist schon klar, dass eine Umstellung der Ernährung nicht von heute auf morgen passiert. Mit Biohanf haben Sie ein Lebensmittel in der Hand, mit dem Sie den ersten Schritt zur biologischen Ernährung spielend schaffen. Qualität, Geschmack und das gesundheitliche Plus werden Sie überzeugen, Hanf im täglichen Speiseplan zu integrieren.

Das Buch zeigt einen repräsentativen Querschnitt vieler, aber längst nicht aller Möglichkeiten, mit Biohanf zu kochen.

Mein Vorwort

Eines gleich vorweg – es handelt sich hier um THC-armen Nutzhanf, der mit Cannabis eigentlich nur den wissenschaftlichen Namen gleich hat.

Also keine Angst davor, es ist alles legal und alle, die mit Nutzhanf zu tun haben, angefangen von den Biobauern über diejenigen, die Nutzhanf in der Kosmetik einsetzen, bis hin zu jenen, die den Hanfsamen und das Hanföl als gesundheitliches Geschmackserlebnis in der Küche verwenden, sind gegen Drogen jeglicher Art.

Ernährungsphysiologisches Highlight

Die Samen vom Nutzhanf gehören zu den hochwertigsten Ölfrüchten überhaupt.

Schon seit Jahrtausenden werden Hanfsamen und Hanföl für die menschliche Nahrung, als auch für die der Tiere genutzt. Früher, als der Mensch mit der Natur sozusagen noch auf Du und Du war, hat er sich nicht selten die Eigenschaften der Tiere zu Nutzen gemacht. So wird es wahrscheinlich auch beim Hanf gewesen sein, denn Tiere zeigen ihre Vorliebe für Hanf ganz offensichtlich.

Dem Grund für dieses Verhalten ist die moderne Wissenschaft erst seit geraumer Zeit auf der Spur, denn der Wert der Hanfsamen ist seit den neuesten Erkenntnissen ernorm. Der Schlüssel liegt u. a. in den mehrfach ungesättigten Fettsäuren, die mit zirka 90 % den Großteil des Fettanteiles der Hanfsamen ausmachen.

Ideal und lebenswichtig ist das Verhältnis der essenziellen Fettsäuren: Die Linolsäure (50 bis 70 %) und die Alpha-Linolensäure (15 bis 25 %).

Im Speziellen ist es die Alpha-Linolensäure, besser bekannt als Omega-3-Fettsäure, die in nur sehr wenigen Speiseölen in einem solchen Mengenverhältnis vorkommt. Abgesehen davon ist im Hanfsamen das Verhältnis der Omega-6-Fettsäure zur Omega-3-Fettsäure genau in dem wissenschaftlich geforderten 3:1-Verhältnis ge-

geben. Die im Hanfsamen enthaltene Omega-3-Fettsäure hat mit der im Fischöl vorhandenen Omega-3-Fettsäure eine vergleichbare Wirkung und kann daher bei Herz-Kreislauferkrankungen oder chronischen Entzündungen ebenso therapeutisch eingesetzt werden. Omega-3-Fettsäuren haben eine cholesterinsenkende Wirkung. Täglich 15 bis 20 g Hanföl helfen schon bei Stoffwechselerkrankungen, da besonders bei Herz-Kreislauferkrankungen, die im Speziellen auf einen meist viel zu hohen Anteil von gesättigten und Trans-Fettsäuren in der allgemeinen Ernährung zurückzuführen sind. Beide Fettsäuren, Omega-6 und Omega-3, sind für verschiedene Prozesse im menschlichen Körper verantwortlich. Hier besonders bei der Blutgerinnung, der Entzündungshemmung im Gewebe, der Thrombosegefahr sowie der Entwicklung der Gehirnfunktion und der Immunabwehr.

Der Hanfsamen ist also ein ernährungsphysiologisches Highlight, das noch eine Menge mehr zu bieten hat. Als weiterer seltener Inhaltsstoff ist im Hanfsamen die Gamma-Linolensäure (GLA) enthalten. Bei einem Anteil von 2 bis 4 %, ist die GLA, die beim gesunden Menschen aus Linolensäure gebildet wird, ausreichend vorhanden, um Mangelerscheinungen entgegenzuwirken. Ein Mangel von GLA kann zu schweren Stoffwechselstörungen, wie z. B. Neurodermitis, Prämenstruelles Syndrom, rheumatoide Arthritis oder Diabetische Neuropathie führen.

Der Hanfsamen beinhaltet alle acht essenziellen Aminosäuren, die vom Körper nicht selbst produziert werden, und daher zugeführt werden müssen.

Bei Weitem noch nicht erforscht sind alle sekundären Pflanzenstoffe in den Hanfsamen, denen in der heutigen Wissenschaft sehr hohe Bedeutung zugemessen wird.

Es ist anzunehmen, dass der Hanfsamen und seine Produkte in Zukunft eine weitaus größere ernährungsphysiologische Rolle spielen werden. So können z. B. Menschen mit einer Fischunverträglichkeit ohne Weiteres auf die pflanzlichen Omega-3-Fettsäuren zurückgreifen.

Für Genießer einer gut ausgewogenen Bio-Erlebnisküche, will ich den Biohanf mit allen Facetten seiner Köstlichkeit vorstellen. Die Rezepte sind zum Kennenlernen von Biohanf in der modernen, leichten Bio-Küche bis hin zu kreativen Speisen für festliche Anlässe.

Die Rezepturen sind allesamt erprobt und so zusammengestellt, dass sie großteils ohne Weiteres auch ohne Verwendung von Biohanf leicht nachzukochen sind.

Warum alles in Bio, ist leicht zu erklären: Ich ernähre mich seit Langem biologisch, bin mit Begeisterung Biokoch und bekenne mich mit Nachhaltigkeit zum biologisch, kontrollierten Landbau.

Wenn Menschen nach Gesundheit streben – koch' ich BIO, das heißt „leben".

Friedrich Pinteritsch

F. Pinterutsch

VORSPEISEN

Balsamicolack

250 ml Bio-Balsamico
250 g braunen Bio-Zucker

Zubereitung: Essig und Zucker um die Hälfte einreduzieren und auskühlen lassen.

Balsamicolack kann man bequem auf Vorrat herstellen. Haltbarkeit ca. 3 Monate.

Bei diversen Salaten als Kick für Marinaden oder Dressings, bei Vorspeisen als Blickfang und perfekten Geschmack für eine fein pikante Note zu verwenden. Alternativ kann man Balsamicolack mit Fruchtsirupen, wie z. B. Johannisbeere, Mango, Apfel, als besondere Geschmacksvariation vorsichtig mixen.

Verhältnis: 1 l Balsamicolack – 1 TL Sirup

Bio-Rohkostsalat
mit Hanföl und gerösteten Hanfnüssen

2 Bio-Karotten, 1 Bio-Zucchini
je 1 Bio-Paprika, rot, grün, gelb
1 Bio-Kohlrabi, 5 Bio-Radieschen
1/2 Bio-Sellerie, 2 säuerliche Bio-Äpfel
2 EL geröstete Biohanfnüsse
150 g Bio-Jogurt, natur
2 EL Biohanföl
Salz, Pfeffer

Zubereitung: Karotten, Kohlrabi und Sellerie schälen. Karotten, Sellerie, Zucchini, Radieschen, Kohlrabi und die Äpfel (mit der Schale) mit dem Reibeisen fein raspeln.

Die Paprika entkernen und in feine Streifen schneiden.

Mit Jogurt, Hanföl, Salz und Pfeffer ein Dressing bereiten und mit dem Gemüse sorgsam vermengen.
Den Salat ca. 1 Stunde marinieren lassen und beim Anrichten mit den gerösteten Hanfnüssen bestreuen.

Optimale Versorgung mit Vitaminen, Mineralstoffen und sekundären Pflanzenstoffen – schützt das Immunsystem. Nervenstärkend, cholesterinsenkend, ballaststoffreich.

Empfehlenswert bei PMS, Neurodermitis, Gelenkrheumatismus, KHK, Diabetische Neuropathie, Zöliakie.

Bio-Schafskäse in Hanfkruste

auf Blattsalaten und Hanföl

300 g Schafskäse vom Kärntner Biobauer
50 g geschälter Biohanfsamen
1 Bio-Ei
50 g Bio-Dinkelmehl
50 g Biohanföl, Rapsöl
Balsamico, Salz

Vogerlsalat, Häuptelsalat, Radicchio, Chicorée

Zubereitung: Den Schafskäse in gleichmäßig große Würfel schneiden und einseitig mit dem geschälten Hanfsamen panieren.

Die Salate waschen, trocknen und auf einem Teller dekorativ anrichten.

In einer Pfanne etwas Rapsöl sanft erhitzen, den Schafskäse mit der Hanfseite einlegen und langsam ca. 2 Minuten braten. Der Schafskäse soll nur lauwarm sein.

Aus Hanföl, Balsamico und Salz eine Marinade zubereiten, über den Salat geben und den lauwarmen Schafskäse in die Mitte drauflegen.

Optimale Versorgung mit Vitaminen, Mineralstoffen und sekundären Pflanzenstoffen – schützt das Immunsystem. Nervenstärkend, cholesterinsenkend, ballaststoffreich.

Empfehlenswert bei PMS, Neurodermitis, Gelenkrheumatismus, KHK, Diabetische Neuropathie, Zoeliakie.

Carpaccio vom Bio-Lachs
mit Hanfsprossen und Hanföl

300 g Bio-Lachs
50 g gerösteter, geschälter Biohanfsamen
1 EL weißer Bio-Balsamico
2 EL Bio-Weißwein, Chardonnay
1 KL Bio-Zitronensaft, unbehandelt
4 EL Biohanföl

Zubereitung: Den Lachs, am besten das Schwanzstück, enthäuten, in hauchdünne Scheiben schneiden.

Aus Essig, Wein, Zitronensaft und Hanföl eine Marinade bereiten, den Lachs darin einlegen und kühl ziehen lassen. Beim Anrichten den gerösteten Hanfsamen über den Lachs streuen.

Optimale Versorgung mit Vitaminen, Mineralstoffen und sekundären Pflanzenstoffen – schützt das Immunsystem. Nervenstärkend, cholesterinsenkend, ballaststoffreich.

Empfehlenswert bei PMS, Neurodermitis, Gelenkrheumatismus, KHK, Diabetische Neuropathie, Zöliakie.

Bio-Rindfleisch in Essig und Hanföl

600 g gekochtes, mageres Bio-Rindfleisch
100 g Bio-Zwiebeln
Bio-Apfelessig
Hanföl
Natursalz, Bio-Pfeffer aus der Mühle
50 g gerösteter, geschälter Biohanfsamen
1 Bio-Ei, gekocht
frischer Bio-Schnittlauch

Zubereitung: Das Rindfleisch in feine Scheiben schneiden, die Zwiebeln in Ringe. Aus Essig, Hanföl und Salz eine Marinade herstellen und sanft mit dem Rindfleisch vermengen. Mit Pfeffer aus der Mühle würzen und ca. 1 Stunde ziehen lassen.

Beim Anrichten mit gevierteltem Bio-Ei, Schnittlauch und geschältem Hanfsamen dekorieren.

Versorgung mit Vitaminen, Mineralstoffen und sekundären Pflanzenstoffen – schützt das Immunsystem. Nervenstärkend, cholesterinsenkend, ballaststoffreich.

Empfehlenswert bei PMS, Neurodermitis, Gelenkrheumatismus, KHK, Diabetische Neuropathie, Zöliakie.

Hanfbrandteigkrapferln
mit Bio-Vitaltopfen

250 ml Wasser
60 g Bio-Butter
140 g Bio-Mehl, glatt
2 EL geröstetes Biohanfmehl
50 g geschälter Biohanfsamen
3 Bio-Eier, Salz

Zubereitung: Wasser mit Butter und Salz aufkochen, Mehl und geröstetes Hanfmehl einrühren und so lange rühren, bis sich der Teig vom Geschirr löst. Die Eier langsam in den noch heißen Teig einrühren.

Die Masse in einen Spritzsack mit einer großen Sterntülle füllen und gleichmäßige Krapferln auf ein mit Backpapier ausgelegtes Backblech spritzen, mit Hanfsamen bestreuen. Bei 220° ca. 15 Minuten backen.

Die Brandteigkrapferln in der Mitte durchschneiden und mit Vitaltopfen füllen.

Bio-Vitaltopfen *siehe Seite 52*

Eine andere schmackhafte Variante zum Füllen ist:

Bio-Schinkenmousse

250 g Bio-Schinken, 60 g Butter
1/4 l Bio-Schlagobers, 4 Blatt Gelatine

Zubereitung: Den Schinken klein würfeln, im Cutter fein pürieren und durch ein Sieb streichen. Gelatine in kaltem Wasser einweichen und anschließend mit wenig Wasser erwärmen und auflösen, langsam unter das Schinkenmousse rühren. Geschlagenes Schlagobers untermengen und in einen Spritzsack mit großer Sterntülle füllen. Die Hanfbrandteigkrapferln in der Mitte durchschneiden und mit Schinkenmousse füllen.

Mein Tipp: Schinkenmousse kurz vor dem Servieren mit frisch gerissenem Kren bestreuen.

Enthält Vitamine, Mineralstoffe, sekundäre Pflanzenstoffe – schützt das Immunsystem. Nervenstärkend, cholesterinsenkend, ballaststoffreich.

Empfehlenswert bei PMS, Neurodermitis, Gelenkrheumatismus, KHK, Diabetische Neuropathie, Zöliakie.

Mit Hanfgervais gefüllte,
sonnengereifte Bio-Paradeiser

4 mittlere, sonnengereifte Bio-Paradeiser
100 g passierter Biotopfen, 10 %
80 g Bio-Butter
1 EL Kren, gerieben
1 EL Bio-Sauerrahm
Salz, Pfeffer, weiß
1 EL Hanfmehl, geröstet

Zubereitung: Zimmertemperierte Butter schaumig rühren, den Topfen dazugeben und glatt rühren, würzen. Den Sauerrahm und das geröstete Hanfmehl und den Kren dazugeben und nochmals abschmecken.

Bei den Paradeisern den Strunk unten herausschneiden, oben ein Kappe abheben und die Paradeiser aushöhlen. Den Hanfgervais in einen Spritzsack geben und in die ausgehöhlten Paradeiser einfüllen.

Mein Tipp: Es gibt unzählige Varianten, seinen „eigenen" Gervais nach Geschmack und Verwendung von Lieblingskräutern herzustellen.

Gerade in der Sonnenreifung von Obst und Gemüse liegt das Geheimnis für hervorragende Qualität. Mit der Sonnenenergie werden Informationen gespeichert, die über die Menge der Inhaltsstoffe und die Nährstoffdichte mit entscheiden.

Am besten schneiden bei der Biophotonenmessung biologische Lebensmittel ab.

Hühnerbruststreifen in Biohanfnuss

auf Vogerlsalat mit geröstetem Kärntner Bauchspeck

400 g Hühnerbrust
2 Bio-Eier
100 g Dinkelmehl
100 g geschälte Biohanfnüsse
200 g Vogerlsalat
8 Scheiben Bauchspeck
Hanföl
Bio-Weißweinessig
200 ml Bio-Rapsöl
Salz, Pfeffer

Zubereitung: Die Hühnerbrust in gleichmäßige Streifen schneiden, diese salzen und mit Mehl, Eiern und geschältem Biohanf panieren.

Den Vogerlsalat waschen, trocknen und durch die aus Hanföl, Essig und Salz zubereitete Marinade ziehen.

Eine tiefe Pfanne erhitzen, die Speckstreifen darin knusprig anbraten und herausnehmen. Das Rapsöl in die Pfanne geben, erhitzen, und die Hühnerstreifen darin goldgelb braten.

Den Vogerlsalat in der Mitte des Tellers platzieren und die gebratenen Hühnerbruststreifen darüberlegen. Mit den Speckstreifen dekorieren.

Mein Tipp: Dazu passt Hanf-Vollkornbrot.

Mozzarella in der Hanfkruste

auf Blattsalaten mit Hanfgewürzöl (für 4 Personen)

300 g Bio-Mozzarella, 1 Bio-Tomate
2 Bio-Eier, 50 g Dinkelmehl
50 g Hanfmehl, 50 g Hanföl
Hanf-Gewürzöl, Balsamico, Salz

Vogerlsalat, Häuptelsalat, Radicchio, Chicorée

Zubereitung: Die Mozzarellakugeln in gleichmäßige Scheiben schneiden und mit den Eiern und dem Hanfmehl panieren. Die Salate waschen, in gefällige Stücke teilen und auf einem Teller schön platzieren.

Das Hanföl in einer Pfanne nicht zu heiß erwärmen (max. 140°) und die Mozzarellascheiben darin langsam braten.

Aus dem Hanfgewürzöl, dem Balsamico und Salz eine Marinade bereiten und über den Salat geben. Die gebratenen Mozzarellascheiben drauflegen und mit Tomatenscheiben dekorieren.

Mein Tipp: Dazu passt frisches Hanf-Weißbrot.

Mozzarella
mit Bio-Tomaten und Hanfpesto

300 g Bio-Mozzarella
2 Bio-Tomaten
50 g gekochte Biohanfnüsse
100 ml Biohanföl
50 g Bio-Parmesan
Salz
bunter Garnitursalat

Zubereitung: Aus dem Mozzarella und den Tomaten je 8 Scheiben schneiden.

Die Hanfnüsse mit Hanföl, Parmesan und etwas Salz zu einem Pesto mixen.

Auf einem Teller den bunten Garnitursalat anrichten und die Tomaten- und Mozzarellascheiben dachziegelartig auflegen. Mit dem Hanfpesto beträufeln.

Mein Tipp: Dazu passt frisches Hanf-Weißbrot.

Obatzder

250 g Camembert
125 g Doppelrahmkäse
40 g Butter
1 Zwiebel
Kümmel oder Brotgewürz
4 EL Biohanfbier
Salz, Pfeffer

Zubereitung: Camembert, Doppelrahmkäse und die Butter in eine flache Schale geben, mit einer Gabel zerdrücken und vermischen. Kümmel, Gewürze sowie das Bier untermengen und alles gut verrühren.

Schinkenrolle mit Biohanftopfen

4 Scheiben vom Bio – Beinschinken

180 g Biotopfen 10%
60 g Biobutter
1 EL Biohanföl
2 g gemahlene Biohanfnüsse
Salz, Pfeffer weiß

Zubereitung: Die Biobutter schaumig rühren, den Topfen dazugeben und mit dem Hanföl, Salz und Pfeffer gut durchmengen. Die gemahlenen Biohanfnüsse leicht anrösten und erkaltet mit dem Topfen verrühren.

Die Schinkenscheiben nebeneinander auf eine Klarsichtfolie auflegen, Den Topfen in einen Spritzsack geben (Lochtülle) und am unteren Ende vom Schinken aufspritzen. Mittels der Frischhaltefolie streng einrollen, die Klarsichtfolie entfernen und in gleich große Scheiben schneiden.

Salatmarinade mit Biohanföl
(Standardrezept)

50 ml Bio-Apfelessig
100 ml Biohanföl
50 ml Wasser
1/2 TL Bio-Zucker oder Honig
Salz

Zubereitung: Essig, Wasser und Gewürze in das Hanföl einrühren.

Mein Tipp: Als Abwandlung kann man beliebige, saisonbedingte Kräuter dazugeben. Die Verwendung von Bio-Senf bringt einen würzigen Geschmack.

Schafskäse im Hanföl-Kräutermantel

auf Blattsalaten mit Balsamicolack

300 g Schafskäse vom Kärntner Biobauer
50 ml Biohanföl
frische Kräuter: Basilikum, Petersilie, Schnittlauch, Oregano

Vogerlsalat, Häuptelsalat, Radicchio, Chirorée

Balsamicolack siehe Seite 32

Zubereitung: Den Schafskäse in gleich große Würfel schneiden. Die Kräuter grob hacken. Die Schafskäsewürfel mit dem Hanföl bestreichen und mit den Kräutern belegen.

Die Salate waschen, trocknen und auf einem Teller anrichten. Die Schafskäsewürfel draufgeben und mit Balsamicolack beträufeln.

Spargelterrine mit Biohanföl

500 g grüner Spargel
500 g Bio-Topfen, mager
100 g Bio-Sauerrahm
2 Bio-Karotten
2 EL Biohanföl
5 Blatt Gelatine
Salz, Pfeffer
1 Bund Bio-Schnittlauch

Zubereitung: Den Spargel waschen, das untere Drittel schälen und die Enden abschneiden. Anschließend in kochendem Salzwasser ca. 6 Minuten blanchieren, danach eiskalt abschrecken und abtropfen lassen.
Die Karotten schälen und im Spargelwasser 18 Minuten kochen, dann ebenfalls kalt abschrecken. Die kalten Karotten der Länge nach in dünne Scheiben schneiden (am besten mit der Aufschnittmaschine).
Den Topfen mit dem Sauerrahm verrühren, mit Salz und Pfeffer würzen. Die Gelatine in kaltem Wasser einweichen.
In der Zwischenzeit eine Terrinen- oder Rehrückenform mit Klarsichtfolie und danach mit den Karottenblättern auslegen.

Die Gelatine ausdrücken, erwärmen und zügig unter die Topfenmasse ziehen. Nun die Hälfte der Topfenmasse in die Terrinenform füllen, den Spargel der Länge nach drauflegen und mit der zweiten Hälfte der Topfenmasse abschließen. Mindestens 2 Stunden im Kühlschrank ziehen lassen.

Die erkaltete und gestürzte Terrine in gefällige Portionen scheiden und auf einem Teller anrichten. Mit Hanföl beträufeln und mit frischem Schnittlauch dekorieren.

Tatar vom Räucherlachs
auf Biohanf-Erdäpfelrösti

300 g Räucherlachs
1 kleine Essiggurke
2 EL Biohanföl
1/2 Zitrone
Cayenne, Dill, gehackt

Biohanf-Erdäpfelrösti siehe Seite 51

Zubereitung: Den Räucherlachs und die Essiggurke klein würfelig schneiden, das Hanföl und die Gewürze beigeben und leicht durchmengen.

Mit 2 Esslöffeln Nockerln formen und auf die Rösti legen.

Biohanf-Erdäpfelrösti

500 g mehlige Bio-Erdäpfel
50 g Biohanfmehl
50 g Biohanföl
20 g Bio-Butter
Salz, Pfeffer

Zubereitung: Die Erdäpfel schälen, grob raspeln, das Hanfmehl dazugeben, salzen und pfeffern. In einer kleinen Pfanne das Hanföl erhitzen, die Erdäpfel darin gleichmäßig verteilen und braun werden lassen. Zum Wenden eine zweite Pfanne mit der Öffnung nach unten auf die Pfanne mit den Erdäpfeln legen und diese umdrehen.

Vitalaufstrich vom Biohanf-Topfen

500 g Bio-Topfen
100 g Bio-Sauerrahm
1 Bio-Karotte
2 EL Biohanföl
1 Bio-Essiggurke
1 frischer Zucchini
Salz, Pfeffer, Schnittlauch, Petersilie, Kresse

Zettel: Topfen ist leicht verdaulich und hat viele, für den Organismus gut verträgliche Inhaltsstoffe. Topfen ist auch als Wickel bei äußerlicher Verwendung auf Grund seiner Eigenschaften kühlend, abschwellend, entzündungshemmend, durchblutungsfördernd, und schmerzlindernd.

Zubereitung: Den Topfen mit allen Gewürzen verrühren und fein abschmecken, die fein gehackten Kräuter und die geraspelte Karotte untermengen. Beim Anrichten den frischen Zucchini aufraspeln und über den Topfen streuen.

Mein Tipp: Für den Vitalaufstrich ist jedes roh genießbare Gemüse (z. B. Paprika, Gurke, gelbe Rübe usw.) geeignet.

Topfen ist für Zoeliakie-Betroffene geeignet. Wer eine Kuhmilchunverträglichkeit hat, muss leider passen.

„Meine Vitaminrolle“

Rohes Sauerkraut im Dinkel-Maiswrap

600 g rohes Sauerkraut, 3 EL Sauerrahm
je 50 g rote, gelbe, grüne Paprika
1/2 Apfel, Salz

Dinkel-Maiswrap
50 g Bio-Dinkelmehl, 50 g Maismehl
2 EL Biohanfmehl (wenn vorhanden)
2 Bio-Eier, 1/4 l Bio-Milch
Salz, Rapsöl

Zubereitung Dinkel-Maiswrap: Alle Mehle mischen, mit den Eiern und der Milch zu einem homogenen Teig verrühren. Den Teig etwa 10 Minuten rasten lassen und in einer Pfanne mit Rapsöl daraus dünne Wraps (Palatschinken) backen und kaltstellen.

Das Sauerkraut leicht abschwemmen, ausdrücken und klein schneiden. Den Sauerrahm ein wenig salzen und mit dem Sauerkraut vermischen.

Die Paprika in feine Streifen, den Apfel mit der Schale vierteln und in Scheiben schneiden.

Einen Wrap auflegen, mit der Sauerrahm-Sauerkrautfülle bis zur Hälfte einstreichen und mit den Paprikastreifen und Apfelscheiben belegen. Den Wrap einrollen und einmal durchschneiden.

Mein Tipp: Das Rahmkraut kann auch mit anderem Gemüse, wie z. B. Tomatenwürfel, Zucchini, geschnittenem Dörrobst oder Nüssen belegt werden.

Heringssalat mit Vitaminkick

250 g mildes Matjesfilet
150 g saure Heringslappen (Russen)
150 g Karotten, geschält, in Würfel geschnitten und gekocht
150 g Sellerie, geschält, in Würfel geschnitten und gekocht
150 g Erbsen, gekocht
150 g Kartoffeln, geschält, in Würfel geschnitten und gekocht
150 g weiße Bohnen
150 g Essiggurken, in Würfel geschnitten
2 säuerliche Äpfel, geschält, Kerngehäuse ausgestochen und in Würfel geschnitten
10 Eier, hart gekocht, geschält und mit dem Eiteiler einmal längs und einmal quer durchgeschnitten
2 EL Hanföl
Zitronensaft
Majonäse, 25 %, Sauerrahm, Hanfsprossen, Salz
Kalorienbewusste können die Majonäse durch Jogurt ersetzen.

Zubereitung: Die Fischfilets in 1,5 x 1,5 cm große Teile schneiden. Alle anderen Zutaten in ca. erbsengroße Stücke schneiden, behutsam vermischen und mit der Majonäse und dem Sauerrahm binden. Mit Salz und Zitronensaft abschmecken und mit Eischeiben, Lachskaviar, frischen Hanfsprossen (oder frischem Dill) dekorieren.

SUPPEN & EINLAGEN

Biohanfnockerln

200 g Biohanfmehl
2 Bio-Eier
100 g Bio-Butter
Salz

Zubereitung: Die küchenwarme Butter schaumig rühren, die Eier nach und nach unterrühren und salzen. Das Hanfmehl unterheben und die Masse ca. 10 Minuten rasten lassen.

In einem großen Topf Wasser erhitzen, mit 2 Kaffeelöffeln aus der Masse Nockerln formen und 10 Minuten im leicht wallenden Wasser kochen.

Frühlingskräutersuppe
mit Hanfnockerln

20 g Brunnenkresse
20 g junge Löwenzahnblätter
20 g Kerbelkraut
20 g Sauerampfer
20 g Schnittlauch
20 g glatte Petersilie
20 g Liebstöckl
20 g junge Brennnesselblätter
1 l Basissuppe

Zubereitung: Die gewaschenen und grob gehackten Kräuter mit der Basissuppe mixen.

Hanfnockerln *siehe Seite 58*

Mein Tipp: Einige frische Kräutersträußchen zur Dekoration aufbewahren.

Biohanf-Kaspressknödel

360 g Bio-Knödelbrot
6 Bio-Eier, 375 cl Bio-Milch
100 g Bio-Butter
100 g Biohanfmehl, geröstet
300 g Bio-Almkäse
100 g Bio-Zwiebeln
100 g Bio-Semmelbröseln
Bio-Rapsöl
Salz, Petersilie

Zubereitung: 100 g Butter erhitzen, die fein geschnittenen Zwiebeln darin anschwitzen und mit der Milch aufgießen. Die heiße Masse über das mit dem gerösteten Hanfmehl vermengte Knödelbrot schütten, die Eier dazugeben und alles gut vermengen. Den Käse reiben und unter die Knödelmasse rühren. Aus der Masse kleine Knödel formen und diese flach drücken.

In einer Pfanne das Rapsöl erhitzen, die Kaspressknödel in Brösel wenden und knusprig braten.

In einer guten Rindsuppe als Einlage, oder als Hauptspeise mit grünem Salat servieren.

Biohanf-Grießknödel

200 g Bio-Grieß
80 g Biohanfmehl
100 g Bio-Butter
1/2 l Bio-Milch
4 Bio-Eier
Salz

Zubereitung: Das Hanfmehl ohne Fett, trocken, leicht anrösten und mit dem Grieß vermengen. Die Milch mit der Butter und dem Salz aufkochen lassen und den Grieß langsam einrühren, kochen bis sich die Masse vom Geschirr löst. In die noch warme Masse die Eier einrühren und erkalten lassen. Mit nassen Händen kleine Knödel formen und in wallendem Wasser ca. 10 Minuten ziehen lassen.

Mein Tipp: Aus der Masse lassen sich mit 2 Esslöffeln auch schön Nockerln formen.

Biohanffrittaten

100 g Bio-Dinkelmehl
2 EL Biohanfmehl
3 Bio-Eier
1/4 l Bio-Milch
Salz
Bio-Rapsöl

Zubereitung: Aus den Zutaten einen glatten Palatschinkenteig rühren und in einer Pfanne mit Rapsöl dünne Palatschinken ausbacken. Etwas erkalten lassen, zusammenrollen und in dünne Streifen schneiden.

Biohanfknödel

360 g Bio-Knödelbrot
6 Bio-Eier
375 cl Bio-Milch
150 g Bio-Butter
100 g Biohanfmehl, geröstet
100 g Bio-Zwiebeln
gehackte Petersilie, Kresse, Schnittlauch
Salz

Zubereitung: 100 g Butter erhitzen, die fein geschnittenen Zwiebeln darin anschwitzen, gehackte Petersilie kurz mitschwenken und mit der Milch aufgießen. Die heiße Masse über das mit dem gerösteten Hanfmehl vermengte Knödelbrot schütten, Eier und frisch geerntete Kresse und Schnittlauchröllchen dazugeben, alles gut vermengen.

Einen großen Topf mit Wasser zum Kochen bringen, salzen und mit nassen Händen kleine gleichmäßige Knödel formen, ins sprudelnde Wasser geben und ca. 15 Minuten kochen lassen.

Eine beliebte Variante sind auch Biohanfknödel mit Speck: Dazu 100 g Bauchspeck in Streifen schneiden. Den Speck in der Pfanne mit der Butter anschwitzen und wie oben fertig stellen.

Bio-Dinkel-Hanfschöberln

5 Bio-Eier
80 g Bio-Dinkelmehl
30 g Biohanfmehl
80 g gerösteter, geschälter Biohanfsamen
Salz, Bio-Butter für das Blech

Zubereitung: Die Eier trennen, das Eiweiß mit Salz steifschlagen, die Dotter behutsam nach und nach in den Eischnee einrühren. Das Dinkelmehl mit dem Hanfmehl vermengen und unterheben. Die Masse auf ein gefettetes Blech streichen, mit gerösteten Hanfsamen bestreuen und bei 160° 16 bis 18 Minuten backen.

Kürbissuppe

250 g Bio-Muskatkürbis
1/8 l Bio-Schlagobers
1/2 l Bio-Trinkhanf
1/16 l Bio-Weißwein, Welschriesling
2 EL Bio-Butter
Salz
Petersilie, Majoran, je 3 Blatt

Zubereitung: Den Kürbis schälen und in kleine Stücke schneiden. In einem Topf die Butter erhitzen und die Kürbisstücke darin anschwitzen. Danach mit Weißwein ablöschen und mit Schlagobers und 1/8 l Wasser oder Gemüsebrühe auffüllen. Das Kürbisgemüse gar kochen, den Trinkhanf beigeben, noch einmal aufkochen und die geputzten frischen Kräuter dazugeben, mit Salz würzen. Die Kürbismasse im Mixglas fein pürieren und nochmals abschmecken.

Hanfsuppe – Basisrezept

1 Bio-Karotte
1/4 Stange Bio-Lauch
1/4 Bio-Sellerie
1 Bio-Kartoffel
1/8 l Bio-Schlagobers
1/2 l Bio-Trinkhanf
1/16 l Bio-Weißwein
2 EL Bio-Butter
Salz
frische Bio-Kräuter (Schnittlauch, Petersilie, Basilikum, Kerbel, Thymian usw.)

Zubereitung: Das Gemüse waschen, putzen und klein schneiden.

In einem Topf die Butter erhitzen, das Gemüse darin anschwitzen, danach mit Weißwein ablöschen und mit Schlagobers und 1/8 l Wasser oder Gemüsebrühe auffüllen. Das Gemüse gar kochen, den Trinkhanf beigeben, noch einmal aufkochen, die geputzten, frischen Kräuter dazugeben und mit Salz würzen. Das Gemüse im Mixglas fein pürieren und nochmals abschmecken.

Mein Tipp: Diese Basissuppe eignet sich für alle Gemüsesuppen, wie z. B. Karottensuppe, Kürbissuppe, Gurkensuppe, Kartoffelsuppe usw., oder für Kräutersuppen, wie z. B. Frühlingskräutersuppe, Kressesuppe, Schnittlauchsuppe usw.

VEGETARISCH

Biokräuter-Basissauce

1 Bio-Karotte
1/4 Stange Bio-Lauch
1/4 Bio-Sellerie
1 Bio-Kartoffel
1/8 l Bio-Schlagobers
1/4 l Bio-Milch
1/16 l Bio-Weißwein
2 EL Bio-Butter
Salz
frische Bio-Kräuter (Schnittlauch, Petersilie, Basilikum, Kerbel, Thymian usw.)

Zubereitung: Das Gemüse waschen, putzen und klein schneiden.

In einem Topf die Butter erhitzen, das Gemüse darin anschwitzen, danach mit Weißwein ablöschen und mit Schlagobers und 1/8 l Wasser oder Gemüsebrühe auffüllen. Das Gemüse gar kochen, die Milch dazugeben, noch einmal aufkochen und die geputzten, frischen Kräuter dazugeben, mit Salz würzen.

Das Gemüse im Mixglas fein pürieren und nochmals abschmecken.

Mein Tipp: Diese Basissauce eignet sich für alle Kräuter- und Gemüsesaucen.

Bio-Sojaragout mit Schwammerln
an roter Paprikasauce und Biohanfreis

300 g Bio-Sojafleisch, grob
1/4 l Bio-Gemüsebrühe
200 g Eierschwammerln, 1 Bio-Zwiebel
250 g Bio-Basmatireis, weiß
50 g Biohanfsamen, ungeschält, gekocht
1/2 l Wasser, 100 g Bio-Butter
2 frische, rote Bio-Paprika
1/8 l Bio-Schlagobers, 1/4 l Bio-Milch, 1/16 l Bio-Weißwein
Salz, Pfeffer, frische, gehackte Petersilie

Zubereitung: Das Sojafleisch in der warmen Gemüsebrühe einweichen.

Die Schwammerln putzen und halbieren, die Zwiebel fein würfelig schneiden.

Die roten Paprika entkernen, klein schneiden und in der Butter mit der Hälfte der Zwiebeln anschwitzen, mit Weißwein ablöschen und mit Obers und der Milch aufgießen. Mit Salz und Pfeffer aus der Mühle würzen und im Mixglas fein pürieren.

Das Sojafleisch ausdrücken, in die Paprikasauce geben und ziehen lassen.

Die Schwammerln mit den restlichen Zwiebeln in Butter anschwitzen, mit Salz und Pfeffer würzen und mit Petersilie bestreuen.

Den Reis mit doppelter Menge Wasser aufkochen, salzen, ausdünsten lassen und mit den gekochten Hanfkörnern vermischen.

Hanfpalatschinken

gefüllt mit Rieslinggemüse

100 g Bio-Dinkelmehl
2 EL Biohanfmehl
3 Bio-Eier
1/4 l Milch
Salz, Rapsöl
2 Karotten, 2 gelbe Rüben
1 Zucchini, 1/2 Stange Lauch
1/16 l Weißwein, Riesling
1/2 l Milch
Salz, Pfeffer
Bio-Pfeilwurzelmehl oder Bio-Maisstärke

Zubereitung: Aus Dinkelmehl, Hanfmehl, Milch, Salz und den Eiern einen homogenen Palatschinkenteig herstellen, etwas rasten lassen und in wenig Rapsöl dünne Palatschinken backen.

Das Gemüse schälen, putzen, in grobe Würfel schneiden und in Butter kurz anschwitzen. Mit Weißwein ablöschen und kernig weich kochen. Danach die Milch dazugeben und mit Salz und Pfeffer würzen.

Das Pfeilwurzelmehl oder die Maisstärke in Wasser auflösen und das Gemüse damit sämig binden.

Das Rieslinggemüse auf den unteren Teil einer aufgelegten Palatschinke geben und mit dem oberen Teil zur Hälfte abdecken.

Mit Kräutern der Saison kann dem Gemüse noch ein besonderer Geschmack verliehen werden.

Gemüse-Hirse-Hanflaibchen
an Kräutersaft

300 g Bio-Goldhirse
375 ml Gemüsebrühe oder Wasser
3 EL Biohanfmehl, 50 g Bio-Butter
150 g Bio-Topfen (am besten fettreduziert)
1 Bio-Karotte, 1 Bio-Zucchini
1 Bio-Ei, Bio-Rapsöl
Salz, Pfeffer
frische Kräuter (Schnittlauch, Majoran, Thymian, Petersilie)

Zubereitung: Die Hirse mit heißem Wasser gut abspülen, mit der Butter und der Gemüsebrühe in einen Topf geben, aufkochen und zugedeckt auf kleiner Flamme ausdünsten lassen. Danach die Hirse etwas auflockern und die geschälte Karotte und den Zucchini in die Hirse reiben. Sauerrahm, Topfen, Hanfmehl, Ei und klein gehackte Kräuter dazugeben, mit Salz und Pfeffer würzen, gut vermengen und zu Laibchen formen. In einer Pfanne das Rapsöl erhitzen und die Laibchen beidseitig ca. 4 Minuten braten.

Biokräutersaft-Basissauce *siehe Seite 70*

Mein Tipp: Hirse immer kräftig mit heißem Wasser abspülen, sonst schmeckt sie bitter.

Hirse-Gemüselaibchen mit Biohanf

200 g Hirse
80 g geschälte Biohanfkörner
300 g beliebiges Gemüse
2 Bio-Eier
500 ml Gemüsebrühe
1 Zwiebel
Hirsemehl
1 Bund Petersilie

Zubereitung: Die Hirse in heißem Wasser waschen, die Gemüsebrühe aufkochen, die Hirse einrühren und unter Rühren dick einkochen lassen. An einem warmen Ort zugedeckt ca. 1 Stunde oder länger ausquellen lassen.

Die Zwiebel fein würfelig schneiden und in Butter goldgelb rösten. Auch das Gemüse klein schneiden und mit den Zwiebeln kurz zugedeckt mitdünsten.

Dann die Hirse mit den Hanfkörnern und den übrigen Zutaten zu einer glatten Masse vermengen. Mit nassen Händen Laibchen formen, in Hirsemehl wenden und in heißem Fett goldbraun braten.

Geröstete Hanfknödel mit Ei

360 g Bio-Knödelbrot
8 Bio-Eier
375 cl Bio-Milch
200 g Bio-Butter
3 EL Biohanfmehl
100 g Bio-Zwiebeln
Salz, Pfeffer
Petersilie

Zubereitung: 100 g Butter erhitzen, die fein geschnittenen Zwiebeln darin anschwitzen und mit der Milch aufgießen. Die heiße Masse über das mit dem Hanfmehl vermischte Knödelbrot schütten, die Eier dazugeben und alles gut durchmischen. In einem großen Topf Wasser zum Kochen bringen, salzen, und die mit nassen Händen gleichmäßig geformten 8 Knödel ins sprudelnde Wasser geben. Ca. 12 Minuten kochen, aus dem Wasser heben und mit kaltem Wasser abschrecken. Die kalten Knödel in Scheiben schneiden.

In einer großen Pfanne etwas Butter zerlassen, die Knödelscheiben darin anbraten, verschlagenes Ei darübergießen, salzen, pfeffern und stocken lassen.

Gratinierte Biohanf-Polentataler
an roter Rübensauce

300 g Bio-Polenta
600 ml Bio-Milch
100 g Bio-Butter, 2 EL Bio-Sauerrahm
1 Bio-Ei, 3 EL geschälte Biohanfkerne
100 g Bio-Emmentaler
1 rote Bio-Rübe
1/8 l Bio-Schlagobers
1/4 l Bio-Milch
2 EL Bio-Maisstärkemehl
Bio-Rapsöl
Salz, Bio-Cayennepfeffer

Zubereitung: Die Milch mit der Butter und etwas Salz aufkochen, die Polenta einrühren und kochen, bis sich die Polenta vom Geschirr löst. In die noch heiße Polenta den Sauerrahm einrühren und die Masse ca. 2 cm dick auf ein Blech aufstreichen, auskühlen lassen. Danach mit einem runden Ausstecher Taler ausstechen, diese in das verquirlte Ei und dann in die Hanfkerne tauchen. In einer Pfanne mit etwas Rapsöl beidseitig braten. Danach mit Käse bestreuen und im Backofen bei starker Oberhitze gratinieren.

Die rote Rübe schälen, in kleine Würfel schneiden, mit etwas Butter anbraten und mit Obers aufgießen. Die roten Rübenwürfel gar kochen, die Milch dazugeben und mit Salz und Pfeffer würzen. Anschließend im Mixglas fein pürieren und mit Stärkemehl binden.

Grüne Schwammerl-Hanf-Polentataler
auf Kürbisgemüse

200 g Bio-Maisgrieß, 1/2 l Bio-Milch
80 g Bio-Butter, 2 EL Biohanfmehl
100 g geschälter Biohanfsamen
50 g Bio-Spinat, passiert
1/16 l Bio-Sauerrahm, 150 g Eierschwammerln
1 Bio-Zwiebel, 1/16 l Weißwein, Weißburgunder
4 EL Bio-Rapsöl, Salz, Pfeffer, Majoran, Thymian
gehackte Petersilie, 600 g Bio-Muskatkürbis
1/4 l Bio-Milch, Salz, Gute-Laune-Gewürz
80 g Bio-Butter
1/16 l Weißwein, Weißburgunder

Zubereitung: In einer Pfanne die Butter schmelzen, die klein geschnittene Zwiebel darin anschwitzen, die geputzten und klein geschnittenen Schwammerln dazugeben und mitrösten lassen. Salzen, pfeffern und die Aromaten Majoran und Thymian unterrühren. Wenn das Wasser verdampft ist, mit Wein ablöschen, etwas reduzieren lassen, die Milch und den Spinat dazugeben. Die Milch aufkochen, den Maisgrieß und den Hanf einrühren, nochmals aufkochen lassen und auf kleiner Flamme ca. 10 Minuten dünsten. In der Zwischenzeit den Kürbis halbieren, schälen, entkernen und mit dem groben Reibeisen raspeln. Die Butter in einer Pfanne schmelzen, das Kürbisgemüse dazugeben, einmal durchrösten und mit Weißwein ablöschen. Nun die Milch beigeben, mit Salz und Gute-Laune-Gewürz abschmecken und auf kleiner Flamme reduzieren lassen. Dann die Hanfpolenta und den Sauerrahm unterrühren. In einer Pfanne das Rapsöl erhitzen, mit einem Eisportionierer von der Polentamasse Kugeln herausstechen, flachdrücken, in geschälten Hanfsamen wenden und in der Pfanne von beiden Seiten ca. 4 Minuten braten.

Das Kürbisgemüse auf einen Teller geben, die Polentataler drauflegen und mit frischen Kräutern dekorieren.

Biohanf-Gemüsesteak

150 g Bio-Karotten
50 g Bio-Sellerie
150 g Bio-Zucchini
150 g Bio-Mais
100 g Biohanfmehl, geröstet
100 g geschälter Biohanfsamen
2 Bio-Eier
Bio-Rapsöl
Salz, Petersilie

Zubereitung: Das Gemüse putzen, die Karotten und den Sellerie schälen. Karotten, Sellerie, Zucchini raspeln, mit dem gerösteten Biohanfmehl und den Eiern vermischen, würzen.

In einer Pfanne das Rapsöl nicht zu stark erhitzen, aus der Gemüsemasse kleine Steaks formen, in den geschälten Biohanfsamen drücken und im Öl knusprig braten.

Pro Portion werden 3 kleine Gemüsesteaks gerechnet.

Mein Tipp: Natürlich gilt das Rezept auch für saisonbedingtes Gemüse. Dazu passen sowohl warme Kräutersaucen (siehe Basisrezept), als auch kalte Sauerrahmdips.

Das Gericht ist für Zöliakie-Betroffene geeignet.

Zettel: Diese Gemüsesteaks sind besonders wertvoll, da das Gemüse auf Grund der schonenden Zubereitung seine Vitamine und Nährstoffe behält.

Hanfbierspätzle

500 g Bio-Vollkorn-Dinkelmehl
4 Bio-Eier
1 EL Biohanföl
2 EL Biohanfmehl
1 dl Bio-Milch
1 dl Hanfbier
2 EL Bio-Butter
Salz
frischer Schnittlauch

Zubereitung: Aus Dinkelmehl, Hanfmehl, Eiern, Hanföl, Milch und Hanfbier einen Spätzleteig zubereiten.

In einem großen Topf Wasser zum Kochen bringen und den Teig mittels Spätzlesieb in das Wasser einkochen. Öfters umrühren, damit keine Klumpen entstehen. Wenn die Spätzle an die Oberfläche aufsteigen, sind sie fertig gekocht. Dann herausschöpfen und kalt abschrecken. In einer Pfanne die Butter schmelzen und die Spätzle darin schwenken.

Hanfpizza mit Tomaten und Mozzarella

400 g Bio-Dinkelmehl
100 g Biohanfmehl
250 ml lauwarmes Wasser
2 EL Biohanföl
5 Bio-Tomaten
250 g Bio-Mozzarella
1 Päcken Trockenhefe
Salz, Pfeffer, Oregano, Knoblauch

Zubereitung: Dinkelmehl, Hanfmehl, Trockenhefe, Salz, Hanföl und Wasser zu einem geschmeidigen Teig verarbeiten. Ein Backblech mit etwas Hanföl ausstreichen und den ausgerollten Pizzateig in Form legen. Die Tomaten in Scheiben schneiden, mit Salz, Oregano, Knoblauch würzen und auf den Pizzateig legen. Den in Streifen geschnittenen Mozzarella darübergeben. Im Backofen bei 160° ca. 15 Minuten backen.

Hanf-Semmelknödel

auf Rahmblattspinat

360 g Bio-Knödelbrot
6 Bio-Eier
375 cl Bio-Milch
150 g Bio-Butter
3 EL Biohanfmehl
100 g Bio-Zwiebeln
800 g Bio-Blattspinat, ev. auch tiefgekühlt
1/8 l Bio-Schlagobers
Salz, Petersilie, Knoblauch

Zubereitung: 100 g Butter erhitzen, die fein geschnittenen Zwiebeln darin anschwitzen und mit der Milch aufgießen. Die heiße Masse über das mit dem Hanfmehl vermengte Knödelbrot schütten und mit den Eiern und der Petersilie vermischen. In einem großen Topf Wasser zum Kochen bringen, salzen, und die mit nassen Händen gleichmäßig geformten 8 Knödel ins sprudelnde Wasser geben, ca. 12 Minuten kochen.

Den Blattspinat waschen, blanchieren und in der Butter schwenken. Schlagobers dazugeben, salzen und pfeffern, fein gehackten Knoblauch unterrühren und cremig einkochen lassen.

Die Hanf-Semmelknödel mit dem Spinat anrichten.

Bio-Erdäpfel-Topfen-Hanflaibchen

an frischer Basilikumsauce

250 g gekochte, gestampfte Bio-Erdäpfel
250 g Bio-Topfen, trocken (Bröseltopfen)
80 g Biohanfmehl
1 Bio-Ei
frisches Basilikum, Salz, Pfeffer
Rapsöl
4 dl Biokräuter-Basissauce siehe Seite 70

Zubereitung: Aus den Erdäpfeln, dem Topfen, Hanfmehl und dem Ei sowie den Gewürzen einen Teig zubereiten. Aus der Masse gleichmäßige Laibchen formen und in einer Pfanne mit erhitztem Rapsöl ausbacken.

Die Basissauce erwärmen und mit ein paar gezupften Basilikumblättern nochmals mixen.

Die Sauce auf den Teller geben und mit den Erdäpfel-Topfenlaibchen servieren.

Hirse-Champignontaler
zu Tomatensauce und Gemüseallerlei

300 g Bio-Goldhirse
375 ml Gemüsebrühe oder Wasser
300 g Champignons, 500 ml passierte Tomaten
600 g buntes Saisongemüse
(Winter: Karotten, Pastinaken, gelbe Rüben)
80 g Reismehl, 2 Knoblauchzehen
1 Ei, 80 g Rapsöl, 50 g Butter
Salz, Pfeffer, Majoran, Thymian, Oregano

Zubereitung: Die Hirse mit heißem Wasser gut abspülen, mit der Butter und der Gemüsebrühe in einem Topf aufkochen und zugedeckt auf kleiner Flamme ausdünsten lassen.

Die Champignons grob hacken, in heißer Butter dünsten, mit Salz und Pfeffer aus der Mühle würzen und auskühlen lassen.

Erkaltete Hirse und gedünstete Champignons vermengen, mit Salz, Pfeffer, Majoran, Thymian, einer gepressten Knoblauchzehe würzen, das Reismehl und das Ei dazugeben und gut durchrühren. Kleine Laibchen formen und in einer Pfanne mit heißem Rapsöl knusprig braten.

Die passierten Tomaten aufkochen, mit Salz, Pfeffer, Knoblauch, Oregano würzen.

Das Saisongemüse schälen, der Länge nach halbieren und in schräge Stücke schneiden. In heißem Salzwasser bissfest kochen, in Butter schwenken und salzen.

Das Gemüse auf einem Teller in der Mitte platzieren, die Hirsetaler draufsetzen und mit der Tomatensauce umkränzen.

Kärntner Biohanf-Käsnudeln
mit Biohanfbutter

Teig:
500 g Dinkelmehl, 80 g Hanfmehl
1 Ei, 1 TL Salz
9 EL lauwarmes Wasser

Fülle:
400 g Erdäpfel, 500 g Bröseltopfen
1 Ei, Kerbelkraut, Minze, Salz, Pfeffer

100 g Bio-Butter
50 g geschälter Biohanf

Zubereitung: Mehl, Ei, Salz und Wasser zu einem geschmeidigen Nudelteig kneten und rasten lassen.

Erdäpfel kochen, schälen, noch heiß pressen und mit dem Topfen, den gehackten Kräutern und dem Ei gut vermischen. Aus der Masse mit dem Eisportionierer Kugeln abstechen.

Nudelteig dünn auswalken. Auf die Hälfte des Teiges Kugeln legen, 2. Teighälfte darüberschlagen, rundum andrücken und mit einem Glas oder Teigrad die Nudeln ausstechen. Rund um die Kugel den Teig nochmals andrücken (Luft herausdrücken) und die Nudeln krendeln. Ca. 5 Minuten in Salzwasser kochen, bis sie aufsteigen. Herausnehmen und mit zerlassener Biohanfbutter abschmalzen.

Bio-Dinkel-Hanfspätzle mit Käse

500 g Bio-Vollkorn-Dinkelmehl
4 Bio-Eier, 1 EL Biohanföl
2 EL Biohanfmehl
2 dl Biohanfbier
2 EL Bio-Butter
1/16 l Bio-Schlagobers
200 g Bio-Bergkäse
1 Bio-Zwiebel
Salz, Pfeffer, frischer Schnittlauch

Zubereitung: Dinkelmehl, Hanfmehl, Eier, Hanföl und Hanfbier zu einem Spätzleteig verarbeiten.

In einem großen Topf Wasser zum Kochen bringen und den Teig mittels Spätzlesieb in das Wasser einkochen. Öfters umrühren, damit keine Klumpen entstehen. Schwimmen die Spätzle an der Oberfläche, sind sie fertig gekocht. Dann herausschöpfen und kalt abschrecken. In einer Pfanne die Butter schmelzen, die fein geschnittene Zwiebel darin anschwitzen, die Spätzle dazugeben und schwenken. Anschließend den Schlagobers eingießen und den geriebenen Bergkäse darunter mischen. Mit Salz und schwarzem Pfeffer aus der Mühle würzen.

Mittels eines Schöpfers Portionen aus der Pfanne stechen und anrichten. Mit frischem Schnittlauch bestreuen.

Kasnockerln mit Biohanfbier

1/8 l Biohanfbier
1/4 l Mineralwasser
4 Eier
450 g Dinkel-Vollkornmehl
50 g Biohanfmehl
350 g Bio-Bergkäse
1 Bio-Zwiebel
3 EL Rapsöl
Pfeffer, Salz, Schnittlauch

Zubereitung: Mehl, Hanfmehl, Wasser, Eier und Hanfbier mit etwas Salz zu einem festen Teig verrühren. 5 Minuten rasten lassen und durch ein Nockerlsieb in kochendes Salzwasser drücken. Wenn die Nockerln an der Oberfläche schwimmen, sind sie fertig. Dann die Nockerln herausschöpfen, mit kaltem Wasser abschrecken und gut spülen.

In einer Pfanne das Rapsöl erhitzen und die in kleine Würfel geschnittene Zwiebel darin anschwitzen. Nun die Nockerln dazugeben, mitschwenken, mit Salz und Pfeffer würzen und wenn sie richtig heiß sind, den geriebenen Bergkäse untermischen.

Wenn der Käse geschmolzen ist, anrichten und mit frisch geschnittenem Schnittlauch betreuen.

Mein Tipp: Für eine kalorienreichere Version 1/16 l Schlagobers zu den Nockerln geben, etwas reduzieren lassen und dann erst den geriebenen Bergkäse untermischen.

Frische Kohlrabischeiben

in Hanf-Parmesanei an Sauerrahmdip und Biokartoffeln

2 Bio-Kohlrabi
2 Bio-Eier
3 EL geschälte Hanfsamen
50 g Bio-Parmesan, gerieben
200 g Bio-Sauerrahm
4 Bio-Kartoffeln
Salz, frische Kräuter (Schnittlauch, Petersilie, Basilikum, Oregano)
50 g Butter
50 g Dinkelmehl
Rapsöl zum Backen
Salz, Pfeffer

Zubereitung: In einem großen Topf Wasser zum Kochen bringen und die geschälten Kohlrabi im Ganzen bissfest kochen. Danach mit kaltem Wasser abschrecken und in dünne Scheiben schneiden.

Die Kartoffeln in der Schale kochen und abschälen. Die verschlagenen Eier mit Parmesan und Hanfmehl mischen.

In einer großen Pfanne etwas Rapsöl erhitzen, die gesalzenen Kohlrabischeiben in Mehl wenden, durch die Eiermasse ziehen und im Öl backen. Auf Küchenkrepp abtropfen lassen.

Den Sauerrahm mit Salz, Pfeffer aus der Mühle und den gehackten, frischen Kräutern vermischen.

Die geschälten Kartoffeln halbieren, in der Butter schwenken und auf einem Teller anrichten. Die Kohlrabischeiben dazulegen und mit dem Sauerrahm dekorieren.

Kürbislasagne
mit Dinkel-Hanfpalatschinken

800 g geraspelter Kürbis
100 g Zwiebeln, fein gewürfelt
0,1 l klare Gemüsesuppe
0,1 l Milch
Butter
Salz, Pfeffer, Gute-Laune-Gewürz aus dem Reformhaus

Palatschinkenteig: *90 g Dinkelmehl, 10 g Hanfmehl, 3 Eier,1/4 l Milch, Salz, Rapsöl*

Zubereitung: Das geraspelte Kürbisfleisch salzen, 20 Minuten rasten lassen und anschließend mit einem Küchentuch gut ausdrücken. Butter in einem Topf erhitzen und die Zwiebeln darin glasig dünsten. Kürbis dazugeben und mit Gemüsesuppe und Milch aufgießen. Alles rund 10 Minuten zugedeckt bei mittlerer Hitze garen lassen. Danach ein Viertel vom Kürbisgemüse entnehmen und in einem kleinen Gefäß mit dem Stabmixer glatt mixen. Die Kürbissauce wieder zum Gemüse geben und mit den Gewürzen abschmecken.

Aus Dinkelmehl, Hanfmehl, Milch, Salz und Eiern einen homogenen Palatschinkenteig herstellen, rasten lassen und daraus in wenig Rapsöl kleine, dünne Palatschinken ausbacken.

Die noch warmen Palatschinken abwechselnd mit dem Kürbisgemüse anrichten.

Kürbis-Hanfpralinen

an Lavendelsauce mit buntem Risotto

450 g Muskatkürbis
200 g Risottoreis
160 g Paprikawürfel, rot und grün
80 g Bio-Dinkel-Vollmehl
2 Bio-Eier
100 g geschälter Biohanfsamen
Salz
2 EL Bio-Butter

1 Karotte
1/4 Stange Lauch
1/4 Sellerie
1 Kartoffel
1/2 l Milch
1/16 l Weißwein
2 EL Butter
Salz, 1 Zweig Lavendel
Rapsöl

Zubereitung: Lavendelsauce: Das Gemüse waschen, putzen und klein schneiden. In einem Topf die Butter erhitzen, das Gemüse darin anschwitzen, mit Weißwein ablöschen und mit Gemüsebrühe auffüllen. Das Gemüse gar kochen, die Milch dazugeben, noch einmal aufkochen, und mit Salz würzen. Das Gemüse im Mixglas fein pürieren und nochmals abschmecken. Nun den Lavendelzweig in die Sauce geben.

Risotto: In einem Topf die Butter erhitzen und den Reis darin glasig rühren, mit Weißwein ablöschen und salzen. Mit der Gemüsebrühe nach und nach aufgießen, so dass der Reis immer bedeckt ist. Fleißig rühren, der Reis sollte innen noch kernig sein und eine cremige Konsistenz haben.

Die Paprika in grobe Würfel schneiden, in Butter anschwitzen und zum Schluss mit dem Risotto vermengen.

Kürbis: Entweder vom Kürbis mittels eines Kugelausstechers runde Pralinen ausstechen, oder mit einem Messer schöne gleichmäßige Würfel schneiden. Den Kürbis salzen und mit geschältem Biohanf oder Sesam panieren. In einer tiefen Pfanne das Rapsöl erhitzen und die Kürbispralinen darin gleichmäßig backen. Auf Küchenkrepp abtropfen lassen.

Die Lavendelsauce auf den Teller geben, den Risotto draufsetzen und die Kürbispralinen dazugeben.

Frische Zucchini
im Hanfsamenmantel an Sauerrahm-Kräuterdip

2 frische Bio-Zucchini
2 Bio-Eier
100 g Biohanfsamen, geschält
50 g Dinkelmehl
300 g Bio-Sauerrahm
Rapsöl
Salz, Pfeffer, frische Kräuter (Schnittlauch, Petersilie, Dille, Basilikum)

Zubereitung: Die Zucchini waschen, in messerrückendicke Scheiben schneiden und mit Salz und Pfeffer würzen. Mit Dinkelmehl, verschlagenen Eiern und geschälten Hanfsamen panieren und in erhitztem Rapsöl ausbacken. Auf Küchenkrepp abtropfen lassen.

Sauerrahm mit den gehackten, frischen Kräutern vermischen und mit Salz würzen.

Mit Schwammerln gefüllte Mangoldblätter
auf Kräutersauce

8 große Mangoldblätter
250 g Eierschwammerln
250 g mehlige Kartoffeln
1/2 Zwiebel, 1 Ei
1/16 l Weißwein, Weißburgunder
1/4 l Gemüsebrühe oder Wasser, 1 KL Maizena
Salz, Pfeffer, Thymian, Majoran, Lorbeerblatt, Petersilie
Rapsöl

Zubereitung: Die Mangoldblätter blanchieren, mit eiskaltem Wasser abschrecken und den dicken Mittelstrunk herausschneiden. Die Kartoffeln kochen und noch heiß durch die Presse drücken. Die Schwammerln putzen und die größeren halbieren.

In einer Pfanne das Rapsöl heiß werden lassen, die in kleine Würfel geschnittene Zwiebel darin anschwitzen, die Schwammerln dazugeben und so lange rösten, bis die Flüssigkeit verdampft ist. Mit Salz, Pfeffer, Majoran, Thymian und Lorbeerblatt würzen, die Schwammerln und das Ei zu den Kartoffeln geben und alles gut durchmischen. Je zwei Mangoldblätter überlappt auflegen, mit der Schwammerl-Kartoffelmasse füllen und wie eine Roulade zusammenrollen. Mit einem Zahnstocher verschließen, oder mit einem Bindfaden binden. In einer Pfanne Rapsöl erhitzen und die Mangoldrouladen von allen Seiten anbraten, mit Weißwein ablöschen, mit Gemüsebrühe oder Wasser auffüllen, mit Thymian, Majoran, Lorbeerblatt würzen und ca. 15 Minuten zugedeckt auf kleiner Flamme köcheln lassen. Danach die Mangoldrouladen herausnehmen, zur Flüssigkeit die Milch dazugeben, nochmals aufkochen, salzen, abschmecken und mit in kaltem Wasser aufgelöstem Maizena binden.

Die Rouladen schräg durchschneiden, die Sauce durch ein Sieb auf den Teller gießen, die Rouladen draufsetzen und mit frisch gehackter Petersilie bestreuen.

Lauwarme Radieschen
mit Bärlauch-Polentalaibchen und Vitaltopfendip

2 Bund Radieschen
100 g Polentagrieß
200 ml Wasser, 1 kleiner Bund Bärlauch
2 EL Rapsöl, 1 EL Biohanföl
1 EL Sauerrahm, Salz

Vitaltopfendip:
300 g Topfen, 300 g Sauerrahm
1/2 Karotte, 1 EL Biohanföl, 1 Essiggurke
Salz, Pfeffer, Schnittlauch, Petersilie, Kresse

Zubereitung: Das Wasser zum Kochen bringen, salzen und die Polenta einrühren. Einmal aufkochen und bei ausgeschalteter Platte zugedeckt 10 Minuten quellen lassen.
Die Blätter von den Radieschen abschneiden, die Radieschen waschen und vierteln.
Den Bärlauch waschen, mit einem Küchenkrepp trocken tupfen und in feine Streifen schneiden. Je 2 Blätter Bärlauch pro Teller als Garnitur zurückbehalten.
Den geschnittenen Bärlauch und den Sauerrahm in die heiße Polenta einrühren. Eine Pfanne mit dem Rapsöl erhitzen, von der Polenta mit einem Esslöffel Nockerln ausstechen und diese im Öl auf beiden Seiten braten, warmstellen.
Das Rapsöl abgießen und die Pfanne nochmals mit wenig Hanföl erhitzen. Die geviertelten Radieschen darin nur kurz lauwarm schwenken.

Vitaltopfendip: Den Topfen mit allen Gewürzen verrühren und fein abschmecken. Die fein gehackten Kräuter und die geraspelte Karotte untermengen.

Mais-Topfenlaibchen

mit frischem Bärlauch-Jogurtdip

200 g Maisgrieß
1/2 l Milch
20 g Butter
80 g Topfen, passiert (trocken)
1/4 l Jogurt
4 Bärlauchblätter
400 g Gemüse der Saison
3 EL Rapsöl
Salz

Zubereitung: Die Milch salzen und mit der Butter aufkochen. Den Maisgrieß einrieseln lassen, einmal aufkochen und zugedeckt ca. 15 Minuten ziehen lassen. Die noch warme Polenta mit dem Topfen vermengen und gleichmäßige Laibchen formen. In einer Pfanne das Rapsöl erhitzen und die Mais-Topfenlaibchen darin auf beiden Seiten langsam braten.

In der Zwischenzeit das Jogurt salzen und mit dem frischen, in Streifen geschnittenen Bärlauch verrühren.

Das Gemüse waschen, schneiden und bissfest kochen.

Die Mais-Topfenlaibchen auf dem Gemüse anrichten und den Bärlauch-Jogurtdip dazugeben.

Paprika Couscouslaibchen
mit Hanfkruste

250 g Bio-Couscous
500 ml Gemüsebrühe oder Wasser
5 EL Bio-Hanfmehl
1 Bio-Paprika rot
1 Bio-Paprika grün
1 Bio-Paprika gelb
50 g Bio-Butter
1 Bio-Ei
Bio-Rapsöl
Salz, Pfeffer, Knoblauch frische Kräuter wie: Mutterkümmel, Majoran, Thymian, Petersilie

Zubereitung: Einen Topf mit der Gemüsebrühe aufstellen, in das siedende Wasser die Gewürze, und die Kräuter geben, den Couscous langsam einrühren und umrühren. Den Couscous ca. 2 Minuten kochen, die Hitze abschalten und ziehen lassen.

Den Paprika waschen und halbieren, die Scheidewände und die Samen entfernen und in kleine Würfelschneiden.

Die Butter in einer Pfanne erhitzen, die Paprikawürfel darin schwenken und zum Couscous in den Topf geben. Jetzt das Ei unterrühren. Aus der Masse kleine Laibchen formen in das Hanfmehl drücken und in einer Pfanne mit dem erhitzten Rapsöl langsam braten.

BEILAGEN

In Hanfsamen gebackene Erdäpfelknödel

250 g mehlige Bio-Erdäpfel
30 g Bio-Butter
100 g Bio-Dinkelmehl
200 g gerösteter, geschälter Biohanfsamen
1 Bio-Ei
2 Dotter
Salz
Rapsöl

Zubereitung: Die Erdäpfel in Salzwasser kochen und anschließend zugedeckt ohne Wasser ausdämpfen lassen. Schälen und noch heiß durch die Kartoffelpresse drücken. Die Erdäpfel mit der zerlassenen Butter, dem Mehl, dem Ei und den Dottern zu einem glatten Teig verarbeiten.

Rapsöl in einer großen Pfanne erhitzen, aus dem Erdäpfelteig 12 gleich große Knödel formen, diese in gerösteten Biohanfsamen wälzen und im Öl knusprig braten. Auf Küchenkrepp abtropfen lassen.

Biohanf-Topfenlaibchen

400 g Bio-Topfen oder Frischkäse
4 Bio-Eier
4 EL Biohanfmehl
Biohanföl

Zubereitung: Den Topfen mit den Eiern und dem Mehl verrühren. Mit einem Esslöffel kleine Laibchen formen und in das in einer großen Pfanne erhitzte Hanföl geben und ausbacken. Auf einem Küchenkrepp abtropfen lassen.

Passt zu Süßspeisen, wie z. B. Topfenmousse, oder als Hauptspeise mit frischem Gemüse.

Tipp:

- Kein Alkohol (alkoholfreies Gericht)
- Fettträger bitte auf ein Minimum reduzieren (kalorienbewusstes Gericht)
- Wenig Fett und wenig Zucker verwenden (Trennkost)
- Kein Fleisch verwenden (ovo-laktovegetarisches Gericht)
- Kein Mehl und keinen Grieß verwenden (zöliakiegeeignetes Gericht)
- Hanfmehl ist glutenfrei

Hanfbier-Sauerkraut

600 g Bio-Sauerkraut
100 g Bio-Bauchspeck
50 g Bio-Zwiebeln
1/4 l Biohanfbier
1/4 l Gemüsebrühe
50 g Biohanföl
Salz, Pfefferkörner, Wacholderbeeren, Lorbeerblatt

Tipp:

- Fettträger bitte auf ein Minimum reduzieren (kalorienbewusstes Gericht)
- Wenig Milch verwenden (laktosearmes Gericht)
- Kein Fleisch verwenden (ovo-laktovegetarisches Gericht)
- Kein Mehl und keinen Grieß verwenden (zöliakiegeeignetes Gericht)

Zubereitung: In einem großen Topf die Butter und den Bauchspeck zerlassen und die klein geschnittenen Zwiebeln darin anschwitzen. Das Sauerkraut eventuell abwaschen, dazugeben und einmal umrühren. Das Kraut mit dem Hanfbier und der Gemüsebrühe aufgießen. Die Gewürze in eine Teekugel (Teeei) füllen und ebenfalls dazugeben. Das Kraut auf kleiner Flamme ca. 40 Minuten dünsten und mit einer rohen Kartoffel binden.

Biohanfnudeln

220 g fein gemahlenes Bio-Weizen- oder -Dinkelmehl
2 TL Meersalz
2 EL Biohanföl
30 g Biohanfmehl
1 Bio-Ei und 1 Eigelb
5 EL lauwarmes Wasser

Zubereitung: Die Mehle, Salz, Hanföl, Ei und Eigelb zu einem Nudelteig verarbeiten, in Klarsichtfolie wickeln und ca. 30 Minuten rasten lassen. Danach die Arbeitsfläche mit Mehl bestauben und den Teig messerrückendick ausrollen. Auch die Oberseite des Teiges mit Mehl einstauben und zusammenrollen. Den Teig nun wie Frittaten in der gewünschten Stärke schneiden, auflockern und in heißem Wasser bissfest kochen.

Tipp:

- Keinen Alkohol verwenden (alkoholfreies Gericht)
- Fettträger bitte auf ein Minimum reduzieren (kalorienbewusstes Gericht)
- Wenig Fett und wenig Zucker verwenden (Trennkost)
- Wenig Milch verwenden (laktosearmes Gericht)
- Kein Fleisch verwenden (ovo-laktovegetarisches Gericht)
- 220 g fein gemahlenes Bio-Weizen- oder -Dinkelmehl

Biohanf-Schupfnudeln

300 g Kartoffeln
150 g Dinkelmehl
40 g Grieß
60 g geröstete, geschälte Biohanfnüsse
1 Ei
50 g Butter

Zubereitung: Die Kartoffeln kochen, schälen und noch warm durch die Kartoffelpresse drücken. Dinkelmehl, Grieß, Ei, Salz, Muskat und 40 g geröstete, geschälte Biohanfnüsse dazugeben und zu einem Teig verarbeiten. Diesen etwa fingerdick auf einem bemehlten Brett ausrollen und ca. 5 cm lange Stücke abschneiden. Mit den Händen Schupfnudeln formen.

Salzwasser zum Kochen bringen, die Nudeln darin ca. 5 Minuten kochen, herausnehmen, abschrecken und gut abtropfen lassen.

Die Butter erwärmen, geröstete, geschälte Biohanfnüsse hineingeben, leicht anrösten, salzen, die Schupfnudeln dazugeben und alles gut durchschwenken.

Serviettenknödel
mit geschälten Biohanfnüssen

250 g Knödelbrot
20 g Butter
1 kleine Zwiebel
3 Eier
100 g geschälter, gerösteter Biohanf
Salz, Pfeffer, Muskat
1/8 l Milch, je nach Trockenheit des Knödelbrotes

Zubereitung: Die klein geschnittene Zwiebel in der Butter leicht anrösten, mit Milch ablöschen und mit den Eiern und den Gewürzen locker unter das mit den Biohanfnüssen vermischte Knödelbrot einarbeiten. Die Masse auf eine Serviette oder Frischhaltefolie geben, fest zusammenrollen, die Enden gut verschließen und ca. 15 Minuten in kochendem Salzwasser ziehen lassen.

Biohanf-Semmelknödel

360 g Bio-Knödelbrot
6 Bio-Eier
375 cl Bio-Milch
150 g Bio-Butter
3 EL Biohanfmehl
100 g Bio-Zwiebeln
Salz, Petersilie

Zubereitung: 100 g Butter erhitzen, die fein geschnittenen Zwiebeln darin anschwitzen und mit der Milch aufgießen. Die heiße Masse über das mit Hanfmehl vermengte Knödelbrot gießen, die Eier und die Petersilie dazugeben und gut durchmischen. In einem großen Topf Wasser zum Kochen bringen, salzen, und die mit nassen Händen gleichmäßig geformten 8 Knödel ins sprudelnde Wasser geben. 15 Minuten kochen lassen.

FISCH

„Dorade-Alpe Adria“
in der Biohanf-Polentakruste an Tomatensaft

4 kleine Doraden aus Wildfang (Goldbrasse, Orate)
200 g Polenta, 80 g Biohanfmehl, 100 g Steinpilze
50 g Dinkelmehl, 600 ml Milch
6 sonnengereifte Tomaten, 2 EL Sauerrahm
1 Knoblauchzehe, 50 g Butter, 6 EL Rapsöl
Salz, Pfeffer, 1 Sträußchen frischer Oregano, Thymian

Zubereitung: Das Backrohr auf 180° vorheizen.
Die Fische gut säubern, innen und außen salzen.
Butter und Milch aufkochen, Polenta und Hanfmehl einrühren, salzen, einmal aufkochen, und die Masse bei ausgeschaltetem Herd ca. 15 Minuten nachquellen lassen.
Die Steinpilze putzen, klein schneiden, in Butter rösten bis das Wasser verdunstet ist, mit Salz, Pfeffer und Thymian würzen.
In die heiße Biohanf-Polenta den Sauerrahm und die Schwammerln einrühren.
Die Fische in Mehl wenden, im heißen Rapsöl auf beiden Seiten anbraten und zur Seite stellen. Die Biohanf-Polenta mit nassen Händen auf die angebratenen Fische drücken und diese auf ein mit Rapsöl eingefettetes Backblech legen. Damit die Polenta nicht austrocknet, über die Fische eine befettete Alufolie geben und alles für 15 Minuten ins vorgeheizte Backrohr schieben.

In der Zwischenzeit die Tomaten halbieren, den Strunk herausschneiden, nochmals vierteln und in der Butter anbraten. Die Hälfte vom Oregano dazugeben und mit 400 ml Basissauce oder Wasser aufgießen. Den Knoblauch hineindrücken und mit Salz und Pfeffer würzen. Die Sauce aufkochen und mit dem Stabmixer fein pürieren.
Die Fische aus dem Rohr nehmen und auf einen Teller geben. Die Tomatensauce durch ein Sieb drücken und mit dem Fisch anrichten. Mit dem restlichen Oregano garnieren.

Tipp: Wer es nicht so rustikal mag, kann auch Fischfilets verwenden.

Dorade aus Wildfang

im Ganzen gebraten mit Biohanfbutter

4 kleine Doraden aus Wildfang (Goldbrasse)
100 g Bio-Butter
100 g gerösteter, geschälter Biohanfsamen
1 unbehandelte Bio-Zitrone
Salz, Petersilie, Majoran, Thymian
Bio-Dinkelmehl
Biohanföl

Zubereitung: Die Fische säubern, mit Zitronensaft beträufeln und salzen. Die Kräuter fein hacken, in die Bauchhöhlen der Fische streichen und die Fische in Mehl wenden.

Den Hanfsamen in einer Pfanne ohne Fett trocken rösten und anschließend die Butter darin zergehen lassen.

In einer großen Pfanne das Hanföl erhitzen und die Fische darin knusprig braten. Beim Anrichten mit der Hanfbutter übergießen, mit Zitrone und Petersilie dekorieren.

Tipp: Anstatt Doraden können auch andere ganze Fische verwendet werden.

Grenadiermarsch vom Bio-Bachsaibling
mit Hanfnudeln

4 Bio-Bachsaiblingfilets
400 g speckige Bio-Erdäpfel, gekocht
200 g Biohanfnudeln, gekocht (Fleckerln)
Biohanfnudeln siehe Seite 103
100 g gerösteter Biohanfsamen
100 g Bio-Bauchspeck
100 g Bio-Zwiebeln
2 Bio-Eier
50 g Bio-Dinkelmehl
Biohanföl
Salz, Pfeffer, 1 Lorbeerblatt, Majoran

Zubereitung: Die Saiblingfilets in je 3 Medaillons schneiden, salzen, in Mehl wenden, mit der Hautseite durch die verschlagenen Eier ziehen und in den gerösteten Hanfsamen drücken. Das Biohanföl erhitzen, die Filetmedaillons mit der panierten Seite zuerst anbraten, umdrehen und warmstellen. Im Bratrückstand den in Würfel geschnittenen Bauchspeck anschwitzen, die Zwiebeln und die in zentimeterdicke Scheiben geschnittenen Erdäpfel dazugeben und alles gut durchrösten. Die gekochten Hanfnudeln untermischen und würzen.

Den Grenadiermarsch anrichten und die Fischfilets drauflegen.

Tipp: Auch Zander- oder Hechtfilets schmecken mit dieser Zubereitung sehr gut.

Bio-Forellen in Hanfsamenkruste

mit Bio-Butter und Petersilienkartoffeln

4 fangfrische Bio-Forellen
100 g geschälter Biohanfsamen
200 g Bio-Butter
Biohanföl
600 g Bio-Kartoffeln
2 Bio-Zitronen
Salz, Petersilie

Zubereitung: Die Forellen waschen, trocknen und die Innenseite salzen. Anschließend die Fische in den Hanfsamen drücken und in einer Pfanne mit etwas Hanföl braten. Auf Küchenkrepp abtropfen lassen.

Die Kartoffeln in der Schale kochen, noch heiß schälen, halbieren und in der Butter mit klein gehackter Petersilie schwenken.

Beim Anrichten die Forellen mit Butter überziehen und mit den Kartoffeln servieren. Je eine halbe Zitrone dazugeben.

Mein Tipp: Nehmen Sie anstatt einer Forelle einmal einen Branzin, mit seinem rustikalen Geschmack passt er hervorragend zu Hanf.

Biohanfnudeln in Räucherlachscreme

220 g fein gemahlener Bio-Weizen oder Bio-Dinkel
2 TL Meersalz
2 EL Biohanföl
200 g Bio-Räucherlachs
30 g Biohanfmehl
1 Bio-Ei und 1 Eigelb
5 EL lauwarmes Wasser
200 ml Biokräutersaft-Basissauce siehe Seite 70

Mein Tipp: Anstatt Räucherlachs können Sie auch frisches Lachsfilet verwenden. Nach dem Anbraten mit der Basissauce aufgießen und ca. 5 Minuten ziehen lassen. Gleiche Fertigstellung.

Zubereitung: Die Mehle, Salz, Hanföl und Eier zu einem Nudelteig verarbeiten und in Klarsichtfolie ca. 30 Minuten rasten lassen. Danach die Arbeitsfläche mit Mehl bestauben und den Teig dünn ausrollen. Auch die Oberseite des Teiges mit Mehl einstauben, dann diesen zusammenrollen und wie Frittaten in der gewünschten Stärke schneiden. Auflockern und im heißen Wasser bissfest kochen.

Den Räucherlachs in Würfel schneiden, in heißem Öl etwas anbraten, mit der Basissauce aufgießen und den frischen Dill unterheben.

Die Nudeln mit einer Fleischgabel aufrollen und mit der Räucherlachssauce napieren. Mit frischem Dill anrichten.

Gebratenes Felchenfilet

auf Balsamicomelone und buntem Salat

4 Felchenfilets mit Haut
Würzmischung: Salz, Pfeffer, Basilikum, Kerbel, Thymian
50 g Olivenöl
2 EL Dinkel-Vollkornmehl, 2 EL Balsamico
320 g Melone, nach Saison
50 g Schlangengurken
50 g Tomaten, 50 g Blattsalate (Lollo Rosso)
50 g hochwertiges Hanf- oder Leindotteröl
2 EL Balsamico, Salz

Zubereitung: Die Felchenfilets mit der Würzmischung vorerst ohne Salz einreiben und ziehen lassen.

Die Salate putzen, in gefällige Stücke schneiden und durch die Marinade aus Hanföl, Balsamico und Salz ziehen.

In einer Pfanne das Olivenöl erhitzen, die Felchenfilets salzen, mit der Hautseite ins Mehl drücken und im Öl rasch anbraten. Auf Küchenkrepp abtropfen lassen und warmstellen.

Im Bratrückstand die geschnittene Melone anbraten und mit Balsamico ablöschen. Die Melone herausnehmen und den Essig etwas reduzieren lassen.

Die Salate anrichten, die Melone dazugeben und die Felchenfilets darauf anrichten.

Hecht im Salatblatt

an Frühlingskräutersauce und Hanfnudeln

500 g Hechtfilet, am besten in Bioqualität
5 dl Bio-Schlagobers
2 Häuptelsalate
100 ml Gemüsebrühe
220 g fein gemahlener Bio-Weizen oder Dinkel
2 TL Meersalz
50 g Bio-Butter
5 EL lauwarmes Wasser
30 g Biohanfmehl
1 Bio-Ei und 1 Eigelb
2 EL Biohanföl
Bio-Rapsöl
400 ml Biokräutersaft-Basissauce siehe Seite 70
Salz, Pfeffer
Kräuter, z. B. Kerbel, Bärlauch, Löwenzahn, Gänseblümchen, Schnittlauch

Zubereitung: Alle Zutaten für die Fischfarce müssen gut gekühlt sein. Fischfilets enthäuten und mit Schlagobers im Cutter oder der Mulinex zu einer homogenen Masse verarbeiten.

Den Salat waschen und die schönen großen Blätter ca. 2 Minuten blanchieren, danach eiskalt abschrecken und trocknen. Salatblätter auflegen, mit der Hechtfarce bestreichen und zusammenrollen. In einer Pfanne etwas Rapsöl erhitzen und die Rouladen mit der Naht nach unten einlegen und anbraten. Mit etwas Gemüsebrühe aufgießen, Hitze reduzieren (darf nicht kochen) und zugedeckt ca. 12 Minuten ziehen lassen.

Die Mehle, Salz, Hanföl und Eier zu einem Nudelteig verarbeiten und in Klarsichtfolie ca. 30 Minuten rasten lassen. Danach die Arbeitsfläche mit Mehl bestauben und den Teig dünn ausrollen. Auch die Oberseite des Teiges mit Mehl einstauben, diesen zusammenrollen und wie Frittaten in der gewünschten Stärke schneiden. Auflockern und im heißen Wasser bissfest kochen. In etwas Butter schwenken, würzen und mit einer Nudelzange zu kleinen Nestern drehen.

Zur Basissauce die fein gehackten Kräuter geben und im Mixglas fein pürieren.

Nun die Nudeln auf einen Teller geben, die Frühlingskräutersauce dazu napieren, die Fischrouladen einmal schräg durchschneiden und auf die Sauce setzen. Mit frischen Kräutersträußchen dekorieren.

Tipp: Das Hechtfilet mit der Hautseite nach unten legen und mit einem scharfen Messer vom Schwanzende zum Kopf hin die Haut abtrennen.

Heilbuttmedaillons
im Biohanfsamenmantel, dazu Kartoffelperlen

600 g Heilbutt, schwarz
100 g Biohanfsamen
100 g Bio-Dinkelmehl
2 Bio-Eier
400 g Bio-Kartoffeln
50 Bio-Butter
Rapsöl

Zubereitung: Den Heilbutt häuten, in Medaillons schneiden und würzen. Dann mit Mehl, verschlagenen Eiern und Hanfsamen panieren und in Rapsöl braten.

Aus den Kartoffeln mit einem Pariser-Löffel Kugeln herausstechen, diese in Salzwasser garen, abgießen und in der Butter mit den frisch gehackten Kräutern schwenken.

Lachsfilet auf Risotto

mit geröstetem Biohanfsamen und Lauchsauce

4 Bio-Lachsfilets zu je 150 g
300 g Bio-Rundkornreis
100 g gerösteter Biohanfsamen
50 g Bio-Zwiebeln
1/8 l Bio-Weißwein
1 l Gemüsebrühe
1/8 l Bio-Schlagobers
100 g Bio-Parmesan
1/4 Stange Bio-Lauch
300 ml Biokräutersaft-Basissauce siehe Seite 70
Bio-Rapsöl
1 Bio-Zitrone
Salz, Pfeffer

Zubereitung: Die Lachsfilets waschen und trocknen, mit Zitronensaft einreiben und salzen. In einer großen Pfanne das Rapsöl erhitzen und die Fischfilets rundum braten. Der Fisch sollte innen noch glasig sein.

In einer Pfanne den Hanfsamen trocken kurz rösten. Die Butter erhitzen, den Reis darin glasig rühren und mit Weißwein ablöschen. Mit der Gemüsebrühe nach und nach aufgießen, so dass der Reis immer bedeckt ist. Der Reis sollte innen noch kernig sein und eine cremige Konsistenz haben. Würzen und den Parmesan unterheben.

Den Lauch waschen, in kleine Würfel schneiden und in der Butter anschwitzen. Mit der Basissauce aufgießen und im Mixglas fein pürieren.

Pangasiusfilet in der Hanfkruste

an Basilikumsauce auf Tomaten-Zwiebel-Cashewkernenragout

4 Pangasiusfilets
½ Bio-Zwiebel
2 Tomaten
50 g Cashewkerne
100 g geschälte Hanfsamen
100 g Bio-Dinkelmehl
2 Bio-Eier
Rapsöl, Salz, Pfeffer, Knoblauch, Petersilie

Zubereitung: Einen kleinen Topf mit Wasser zustellen und erhitzen. Die Tomaten kreuzweise einschneiden, in das kochende Wasser legen und kurz blanchieren. Aus dem Wasser heben und sofort kalt abschrecken. Jetzt die Haut von den Tomaten abziehen, die Tomaten halbieren und das Fruchtfleisch mit einem Löffel herausheben. Die Tomaten in kleine Würfel schneiden.

Die Fischfilets säuern, salzen, im Dinkelmehl, Ei und geschälten Hanfsamen einseitig panieren. In einer Pfanne das Rapsöl erhitzen, den Fisch beidseitig anbraten, zur Seite stellen und ziehen lassen.

In einer weiteren Pfanne Rapsöl erhitzen, den in Ringe geschnittenen Zwiebel anschwitzen, die Cashewkerne und die Tomatenwürfel dazugeben und kurz durchschwenken.

Mit Salz, Pfeffer aus der Mühle, Knoblauch und gehackter Petersilie würzen.

Dazu passen Schwenkkartoffeln.

Zanderfilets
auf buntem Biohanf-Gemüsegröstl

4 Zanderfilets
2 Bio-Karotten, 100 g Bio-Mais
1 gelbe Bio-Rübe, 1 Bio-Zucchini
1/2 Bio-Zwiebel
50 g Bio-Erbsen
4 Bio-Kartoffeln
100 g Biohanfsamen
100 g Bio-Dinkelmehl
Biohanföl
Salz, Pfeffer, Lorbeerblatt, Majoran

Zubereitung: Das Gemüse putzen, Karotten, gelbe Rübe in grobe Würfel schneiden und bissfest kochen. Die Kartoffeln in der Schale kochen und schälen.

Den ganzen Hanfsamen ca. 45 Minuten in Wasser ohne Salz kochen, danach trocken rösten.

Die Fischfilets säubern, salzen und in Dinkelmehl wenden. In einer Pfanne das Hanföl erhitzen und den Fisch beidseitig anbraten, zur Seite stellen und ziehen lassen.

In einer weiteren Pfanne das Hanföl erhitzen, die fein geschnittene Zwiebel darin anschwitzen und zuerst die Erbsen, den geraspelten Zucchini und den Mais dazugeben, kurz durchschwenken. Dann das restliche Gemüse und die in Würfel geschnittenen Kartoffeln und die Biohanfsamen dazugeben und würzen.

Zanderfilets

gebraten an Petersiliensauce mit Tomaten-Zwiebel-Biohanfnudeln

4 Zanderfilets, 100 g geschälter Biohanfsamen
2 Bio-Eier, 100 g Bio-Dinkelmehl
1 Bio-Zwiebel, 3 Bio-Tomaten
50 g Bio-Pinienkerne
50 g Bio-Butter, Biohanföl
160 g Biohanfnudeln, siehe Seite 103
160 cl Biokräutersaft-Basissauce siehe Seite 70
Salz, Pfeffer, Petersilie

Zubereitung: Die Zanderfilets waschen und mit Küchenkrepp trocknen. Die Filets auf der Fleischseite salzen und die Hautseite mehlieren, durch die verschlagenen Eier ziehen und in den Biohanfsamen drücken. In einer großen Pfanne das Hanföl erwärmen (nicht über 150°!) und die Fischfilets zuerst mit der Hautseite anbraten, dann wenden und warmstellen.

Die Tomaten kurz in heißem Wasser blanchieren, die Haut abziehen, entkernen und in kleine Würfel schneiden.

In einer Pfanne die Pinienkerne ohne Fett kurz durchrösten und zur Seite geben. In der Pfanne die Butter schmelzen, die in Scheiben geschnittene Zwiebel darin anschwitzen, dann die Tomatenwürfel und die Pinienkerne dazugeben. Mit Salz und Pfeffer würzen und die frisch gehackte Petersilie unterheben.

Die Biohanfnudeln in einem Topf mit viel Wasser al dente kochen und abseihen.

Die Basissauce mit der frischen Petersilie aufmixen. Nun die Nudeln kurz in Butter schwenken, salzen, in der Mitte des Tellers platzieren und mit der Petersiliensauce untergießen. Die Zanderfilets auf die Nudeln setzen und mit der Tomatensalsa belegen.

FLEISCH

Bio-Hühnchenbrustfilets
mit Hanf-Schinken-Wirsingfülle an roter Paprikasauce

4 Bio-Hendlbrüste
200 g Bio-Wirsing- oder Bio-Kohlblätter
100 g magerer Bio-Schinken, 2 EL geröstete Biohanfnüsse
50 g Bio-Zwiebeln, je 1/2 Paprika, rot und grün
1 Bio-Ei, 1/8 l Bio-Schlagobers, 1/4 l Bio-Milch, Bio-Rapsöl
2 EL Bio-Weißwein, 1 EL Bio-Maisstärke
Salz, Pfeffer, Kümmel

Zubereitung: Die Wirsing- oder Kohlblätter in Streifen schneiden, die Zwiebel fein hacken und den Schinken in kleine Würfel schneiden. In einer Pfanne etwas Rapsöl erhitzen und zuerst die Zwiebeln darin anschwitzen, dann den Schinken dazugeben und zum Schluss die Wirsingstreifen mitbraten. Mit Salz und Pfeffer würzen, noch warm mit dem Ei und den gerösteten Hanfnüssen mischen und kaltstellen.
Die Hendlbrüste zwischen Klarsichtfolie plattieren und die ehemalige Hautseite nach oben legen. Danach mit Salz, Pfeffer und Kümmel würzen, mit der Wirsing-Schinkenmasse füllen und zu einer Roulade formen. In einer großen Pfanne etwas Rapsöl erhitzen, die Hühnerrouladen mit der Naht nach unten ins heiße Öl legen und knusprig von allen Seiten anbraten. Die Rouladen aus der Pfanne heben und warmstellen.

Das überschüssige Fett abgießen, die fein geschnittene Paprika im Bratrückstand anschwitzen und mit Weißwein ablöschen. Danach mit Schlagobers und Milch auffüllen, mit Salz und Pfeffer würzen und im Mixglas fein pürieren. Die Paprikasauce eventuell mit der mit Wasser angerührten Maisstärke binden und die Hühnerrouladen in die Paprikasauce einlegen. Nochmals 10 Minuten ziehen lassen.
Die Rouladen schräg in der Mitte durchschneiden und mit der Paprikasauce anrichten. Dazu passen Dampfkartoffeln.

Gefülltes Hühnerfilet

auf mediterranem Gemüse im Hanfölduft und Polenta

Für 4 Personen:
4 Bio-Hühnerfilets, 50 g Bio-Ruccola,
100 g Bio-Karotten, 100 g Bio-Cocktailtomaten
100 g Paprika gemischt, 100 g Bio-Zucchini
4 Scheiben Melanzani, 200 g Bio-Maisgriess
½ l Biomilch, 50 g Biobutter
Hanföl, Rapsöl, Ursalz, Biopfeffer, Knoblauch, Thymian, Lorbeerblatt, Rosmarin

Zubereitung: Das Rohr auf 100° vorheizen.

Die abgezogenen Hühnerfilets mit der ehemaligen Hautseite nach oben legen, mit jeweils etwas Ruccola sowie zwei gekochten Karottenstiften belegen, mit Salz und Pfeffer würzen und straff zusammenrollen. Eine Pfanne mit dem Rapsöl erhitzen, die Hühnerröllchen einlegen, anbraten und mit der Pfanne ins vorgewärmte Rohr stellen. Die Cocktailtomaten vierteln, die Paprika waschen, halbieren, die Scheidewände entfernen und in grobe Würfel schneiden. Die Zucchini der Länge nach zweimal halbieren, zweimal teilen in Längstreifen und in grobe Würfel schneiden.

In einem Topf die Milch erhitzen, salzen und die Butter dazugeben. Wenn die Milch kocht, Polenta einrühren, einmal aufkochen, die Flamme auf das Minimum reduzieren und den Polenta ausdünsten lassen.

In einer Pfanne etwas Rapsöl erhitzen, das vorbereitete Gemüse anrösten, mit Salz, Pfeffer, Knoblauch, Thymian, Lorbeerblatt und Rosmarin würzen und schwenken.

Das Gemüse etwas zur Seite schieben und die Melanzanischeiben darin beidseitig anbraten.

Das Gemüse auf einen warmen Teller geben, die Melanzani seitlich dazulegen und mit Polentakugeln belegen. Das Fleisch aus dem Rohr nehmen, zweimal schräg durchschneiden und zum Gemüse platzieren.

Vor dem Servieren das Gericht mit kaltgepresstem Hanföl beträufeln.

Im Heubett geschmortes, ausgelöstes Bio-Weidegansl

zu Apfelrotkraut, Gemüse-Serviettenknödel und Wildpreiselbeeren

1 Bio-Weidegansl, entbeint (wird vom Ganslbauer gerne gemacht)
2 Handvoll Bergheu (aus der 2. Mahd – Groamat)
je 10 g Ringelblumen, Kornblumen, Veilchen, Kamillen, Holunderblüten, Erdbeerblätter, Himbeerblätter, Brombeerblätter
1 Bio-Apfel
1 EL Maisstärke
4 EL Wildpreiselbeeren
Salz

Zubereitung: Das Backrohr auf 120° vorheizen.

Das ausgelöste Gansl zu einer Rolle formen und mit Hanfspagat binden.

Auf ein Backblech das Heu, die Kräuter und den geviertelten Apfel geben und mit 2 Tassen Wasser untergießen.

Das Gansl salzen und auf einen Gitterrost legen. Das Backblech auf der unteren Stufe ins Rohr einschieben und den Gitterost mit dem Gansl eine Schiene höher. Das Gansl gut 3 Stunden schmoren lassen, öfter wenden. Nun die Hitze auf 180° erhöhen und das Gansl Farbe nehmen lassen. Danach noch ca. 10 Minuten rasten lassen und dann in Scheiben schneiden. Den Bratensaft passieren, wenn nötig nachsalzen und mit in Wasser angerührter Maisstärke binden.

Apfelrotkraut:
600 g Rotkraut
Salz
1 EL Orangensaft
100 ml Rotwein
3 EL Öl
80 g Zwiebeln
30 g Zucker
150 g Äpfel

Zubereitung: Klein geschnittene Zwiebeln in Öl glasig anschwitzen, den Zucker beigeben, karamellisieren und mit Rotwein ablöschen. Das fein gehobelte Rotkraut dazugeben, salzen und dünsten lassen. Kurz vor dem Fertigwerden die geschälten, fein geriebenen Äpfel dazugeben.

Gemüse-Serviettenknödel:
250 g Semmelwürfel
100 g Gemüse, blanchiert
1 kleine Zwiebel
2 Eier
3 dl Milch
80 g Butter
Salz, Pfeffer, Petersilie

Zubereitung: Fein geschnittene Zwiebel in Butter glasig anrösten. Eier trennen. Dotter, Milch, Petersilie und Gewürze verrühren und mit den Zwiebeln über die Semmelwürfel schütten, gut vermengen. Semmelmasse mindestens 20 Minuten rasten lassen.

Eiklar zu Schnee schlagen und unter die Semmelwürfelmasse heben. Eine Serviette oder Frischhaltefolie mit Fett bestreichen, die Masse draufstreichen und straff einrollen, Enden gut verschließen. In genügend Salzwasser ca. 25 bis 30 Minuten köcheln lassen. Serviettenrolle aus dem heißen Wasser nehmen, kurz mit kaltem Wasser abschrecken und den Serviettenknödel in Scheiben schneiden.

Gefülltes Hendlfilet

mit geschältem Biohanfsamen, frischem Gemüse und Kartoffelscheiben

4 Bio-Hendlbrüste
350 g Bio-Gemüse der Saison
200 g Kartoffeln
50 g geschälter Biohanfsamen
2 Eier
50 g Butter
Bio-Rapsöl
Salz, Pfeffer

Zubereitung: Das Rohr auf 120° vorheizen.

Die Kartoffeln in der Schale kochen, schälen und in dicke Scheiben schneiden. Das Gemüse putzen und bissfest kochen.

Die Hendlbrüste plattieren. 150 g Gemüse fein schneiden, oder mit dem Zauberstab grob zerkleinern, mit einem Ei vermengen und die Hendlbrüste damit füllen. Die Brüste in den geschälten Biohanfsamen drücken.

In einer Pfanne das Öl erhitzen, die Hendlbrüste darin anbraten und im vorgeheizten Rohr ca. 25 Minuten schmoren lassen.

Das restliche Gemüse und die Kartoffelscheiben in der Butter erwärmen, salzen und auf einen Teller geben. Das Hendlfilet schräg durchschneiden und auf das Gemüse setzen.

Bio-Hendlbrüstel gebraten an Krensauce

dazu frisches Gemüse und Biohanf-Polentataler

4 Bio-Hendlbrüstel
200 g Bio-Gemüse der Saison
300 g Bio-Polenta
100 g Biohanfmehl
600 ml Bio-Milch
100 g Bio-Butter
2 EL Bio-Sauerrahm
400 ml Biokräutersaft-Basissauce siehe Seite 70
Bio-Rapsöl, Salz, Pfeffer, frischer Biokren

Zubereitung: Die Hendlbrüstel zwischen Frischhaltefolie leicht plattieren und in Rapsöl langsam braten. Das Gemüse putzen und bissfest kochen.

Die Milch mit der Butter und etwas Salz aufkochen, die Polenta sowie das Hanfmehl einrühren und kochen. In die noch heiße Polenta den Sauerrahm einrühren, dann die Masse ca. 2 cm dick auf ein Blech streichen und auskühlen lassen. Mit einem runden Ausstecher Taler ausstechen und in Rapsöl knusprig braten.

Die Basissauce erhitzen, auf einen Teller geben und mit gehobeltem, frischem Kren bestreuen. Das Gemüse und die Polentataler dazugeben und die Hendlbrüstel auf der Sauce anrichten.

Piccata von der Biopute

an Ruccolasauce und Hanfnudeln

8 kleine Bio-Putenschnitzel (je 70 g)
4 Bio-Eier, 180 g Bio-Parmesan
100 g Bio-Dinkelmehl
250 g Biohanfnudeln, siehe Seite 103
50 g Bio-Ruccola
300 ml Biokräutersaft-Basissauce siehe Seite 70
Bio-Rapsöl, 50 g Bio-Butter
Salz, Pfeffer

Zubereitung: Die Putenschnitzel zwischen einer Frischhaltefolie locker klopfen und würzen. Die Eier mit dem Parmesan verrühren.

Eine große Bratpfanne mit etwas Rapsöl erhitzen, die Putenschnitzel in Mehl wenden, durch die Ei-Käsemasse ziehen und im Öl knusprig braun braten. Auf einem Küchenkrepp abtropfen lassen.

Die Biohanfnudeln in einem Topf mit viel Wasser und etwas Salz bissfest kochen.

Den Ruccola waschen, die Stiele entfernen und grob schneiden, in der Butter schwenken, mit der Basissauce aufgießen und im Mixglas fein pürieren.

Die Nudeln in etwas Butter schwenken und salzen. Zuerst die Ruccolasauce auf den Teller geben, die Hanfnudeln dazugeben und die Schnitzel draufsetzen. Mit etwas frischem Ruccola garnieren.

Putenröllchen mit Apfelfülle

Vanillereis und Schoko-Ingwersauce

4 Bio-Putenschnitzel
50 g Bio-Butter, 1 großer Bio-Apfel
100 g geschälter Biohanfsamen oder Kokosflocken
Bio-Rapsöl, Zimt, Salz, Nelkenpulver

Vanillereis:
200 g runder Bio-Reis, 400 ml Bio-Milch
50 g Bio-Butter, 1 Vanilleschote, Salz

Warme Schokosauce:
250 ml Bio-Schlagobers, 100 g Bitterschokolade
1 Orange, unbehandelt, 1 Stück Ingwer

Zubereitung: Den Apfel schälen und klein würfelig schneiden. In einer Pfanne die Butter erhitzen, die Apfelstücke darin kurz dünsten, mit Zimt und wenig Nelkenpulver würzen und beiseitestellen.
Die Putenschnitzel unter einer Klarsichtfolie plattieren, mit den Apfelstücken füllen, wie eine Roulade zusammenrollen und in Biohanfsamen wälzen. Sollten keine Hanfsamen zur Hand sein, können sehr gut auch Kokosflocken verwendet werden. In einer Pfanne etwas Rapsöl erhitzen, die Putenröllchen darin von allen Seiten anbraten, zudecken und ca. 15 Minuten bei kleiner Hitze ziehen lassen.

Vanillereis: Den Reis in etwas Butter glasieren, mit der Milch aufgießen und salzen. Die Vanilleschote halbieren, das Mark auskratzen und zum Reis geben. Einen Deckel draufsetzen und auf kleiner Flamme ca. 15 Minuten dünsten.

Schoko-Ingwersauce: Das Obers aufkochen, die Bitterschokolade in kleine Würfel schneiden und hineingeben. Die Hälfte der Orange in die Schoko-Obersmasse reiben, ein kleines geschältes Stück Ingwer dazugeben und ca. 2 Minuten cremig kochen, dann vom Herd nehmen.

Den Reis auf einen vorgewärmten Teller geben, die Putenröllchen schräg durchschneiden, dazugeben und mit der Schokosauce umkränzen.

Putenschnitzel in der Biohanfkruste

an Jungzwiebelsauce und Paprikareis

4 Bio-Putenschnitzel
150 g geschälte Biohanfsamen
2 Bio-Eier, 150 g Bio-Dinkelmehl
2 Stangen Jungzwiebeln
300 g Bio-Basmatireis
je 50 g frische Bio-Paprika, rot, grün, gelb
100 g Bio-Butter
400 ml Biokräutersaft-Basissauce siehe Seite 70
Bio-Rapsöl, Salz, Pfeffer

Zubereitung: Die Putenschnitzel plattieren, würzen und nur eine Seite durch Mehl und verschlagene Eier ziehen und in Biohanfsamen drücken. In einer großen Pfanne das Öl erhitzen, die Schnitzel zuerst mit der Hanfseite anbraten, dann wenden.

Den Reis mit 6 dl Wasser oder Gemüsebrühe dünsten. Die Paprika in kleine Würfel schneiden, in Butter anschwitzen und mit dem fertigen Reis mischen.

Die Jungzwiebeln waschen, in Ringe schneiden, in Butter anschwitzen und mit der Basissauce aufgießen. Die Jungzwiebelsauce im Mixglas fein pürieren und abschmecken.

Den Paprikareis in der Mitte eines Tellers platzieren, mit der Sauce umkränzen und das Putenschnitzel halb auf den Reis legen.

Saltimbocca vom Bio-Hühnchen
an Energiesauce mit Gemüse und Schwammerlreis

4 Bio-Hühnerfilets
8 Blatt Frauenmantel oder Bio-Spinat
8 Blatt Bio-Rohschinken, 100 g Bio-Karotten
50 g Bio-Sellerie, 50 g Bio-Lauch
50 g gelbe Bio-Rüben, 50 g Bio-Zucchini
250 g Naturreis, 500 ml Wasser
20 g Biohanföl, 50 g Steinpilze
4 cl Bio-Weißwein, 250 ml Bio-Schlagobers
50 g Bio-Butter, 30 ml Bio-Rapsöl
Ursalz, Bio-Pfeffer
Bio-Kräutermischung aus getrockneten Brombeerblättern, Erdbeerblättern, Quendel, Ringelblumen, Kornblumen, Rosenblättern
Biohanftagliatelle, Biohanfnudeln, siehe Seite 103

Zubereitung: Die abgezogenen Hühnerfilets mit der ehemaligen Hautseite nach oben legen, mit Salz und Pfeffer würzen, mit jeweils 2 Frauenmantelblättern sowie 2 gekochten Karottenstreifen belegen, straff zusammenrollen und mit 2 Rohschinkenblättern umwickeln. Die Hühnerrouladen in Rapsöl rundum anbraten und auf kleiner Flamme zugedeckt ziehen lassen.
Das restliche Gemüse klein würfelig schneiden, in Butter anschwitzen, mit Wein und Gemüsefond ablöschen.
Alle Kräuter in eine Teekugel (Teesieb) füllen, zum Gemüse geben und mitkochen. Das Gemüse mit Obers (oder fettreduziert mit 1 %-iger Milch) auffüllen, die Teekugel entfernen, das Gemüse mixen und würzen.
Den Naturreis in Butter anschwitzen und mit Wasser und Biohanföl aufgießen, nicht salzen und ca. 45 Minuten dünsten lassen.
Die Schwammerln in kleinen Portionen in Butter anbraten, salzen und pfeffern und damit den Reis auf dem Teller schön dekorieren. Die Rouladen zweimal schräg durchschneiden, anrichten und mit der Energiesauce umkränzen.

Gefülltes Putenröllchen
an Paprikasauce, dazu buntes Gemüse und Biohanfknödel

4 Bio-Putenschnitzel
4 Karottenstifte
4 Stifte von der gelben Rübe
80 g gekochter Bio-Landschinken
280 g Bio-Gemüse der Saison
50 g Bio-Zwiebeln, 100 g Bio-Paprika, rot
300 g Bio-Polenta, 100 g Biohanfmehl
600 ml Bio-Milch, 100 g Bio-Butter
2 EL Bio-Sauerrahm
400 ml Biokräutersaft-Basissauce siehe Seite 70
100 g Bio-Butter, Salz, Pfeffer

Zubereitung: Die Putenschnitzel plattieren, salzen und pfeffern, die Karotten- und gelbe Rübenstifte sowie Streifen des gekochten Landschinkens draufgeben und zusammenrollen. Die Schnitzelrollen in Alufolie wickeln und im Wasserbad ca. 16 Minuten garen.

Die Milch mit der Butter und etwas Salz aufkochen, die Polenta sowie das Hanfmehl einrühren und kochen. In die noch heiße Polenta den Sauerrahm einrühren und warmstellen.

Das Gemüse putzen, waschen und kochen oder dämpfen, es sollte innen noch kernig sein.

Die Paprika in kleine Würfel schneiden, in Butter anschwitzen, mit der Basissauce aufgießen und im Mixglas fein pürieren, abschmecken.

Das Gemüse in Butter schwenken, salzen und auf dem Teller seitlich platzieren. Die Paprikasauce in die Mitte geben und das zweimal schräg durchgeschnittene Putenröllchen drauflegen. Mit einem Eisportionierer Nockerln von der Hanfpolenta ausstechen und dazugeben.

Hirter–Biohanfbiergulasch

750 g Bio-Wadschinken
750 g Bio-Zwiebeln
1 TL Kümmel
Thymian, Salz
1/2 l Biohanfbier
1/4 l Tomatensaft
150 g trockenes Hanfbrot (am besten ein Scherzl)
100 g Schmalz, 2 EL Paprikapulver, süß
1/2 TL Paprikapulver, scharf
300 g Tomaten, 2 Zehen Knoblauch

Zubereitung: Fleisch in daumengroße Stücke und Zwiebeln in Scheiben schneiden. Zuerst die Zwiebeln im Fett glasig dünsten, den fein gehackten Knoblauch kurz mitrösten, das Fleisch dazugeben und anbraten. Paprikapulver einrühren, kurz mitrösten und sofort mit Biohanfbier und Tomatensaft ablöschen. Die übrigen Gewürze und das Hanfbrot beifügen. Zugedeckt bei mittlerer Hitze etwa 1 ½ Stunden gar dünsten. Das Fleisch aus dem Saft ausstechen und diesen mit einem Stabmixer sämig mixen. Dann das Fleisch wieder zurückgeben und nochmals abschmecken.

Huftsteaks in Honig-Balsamicosauce

mit Biohanfnudeln

4 Huftsteaks vom Bio-Rind
4 Bio-Frühlingszwiebeln
Bio-Rapsöl
2 EL Bio-Honig
Balsamico
1/16 l Bio-Rotwein
20 ml Biohanföl
Salz, Pfeffer

Zubereitung: Das Rindersteak würzen, in Rapsöl anbraten, herausnehmen und warmstellen. Die fein geschnittenen Frühlingszwiebeln im Bratrückstand kurz anschwenken, mit Balsamico ablöschen und mit Honig und einem Schuss Rotwein einkochen.

Die Steaks mit den Zwiebeln anrichten, die Sauce dazugeben und zum Schluss mit Biohanföl marinieren.

Dazu passen Biohanfnudeln, *siehe Seite 103*

Rostbraten vom Jungrind

in Hanftee-Rahmsauce mit Gemüse und Spätzle

4 Rostbraten vom Bio-Jungrind
Biokräutersaft-Basissauce siehe Seite 70
2 g Biohanfteeblätter
Spätzle, siehe Seite 83
350 g Bio-Gemüse der Saison (z. B. Karotten, Kohlrabi, Zucchini)
50 g Butter
4 EL Rapsöl
Salz, Pfeffer

Zubereitung: Das Fleisch in Klarsichtfolie plattieren, in heißem Rapsöl anbraten und warmstellen.

Im Bratensatz die Basissauce erhitzen, die Hanfteeblätter dazugeben und ca. 8 Minuten ziehen lassen.

Das Gemüse putzen, knackig kochen, in Butter schwenken und salzen.

Die Spätzle in der Butter schwenken, salzen und auf einem Teller anrichten. Das Gemüse und das Fleisch dazugeben und mit der Hanfteesauce napieren.

Im Gemüsefond pochiertes Schweinsfilet

auf Spargelrisotto und Gemüse

400 g Bio-Schweinsfilet
500 g Bio-Spargel, 200 g Bio-Rundkornreis
350 g Bio-Gemüse der Saison (z. B. Karotten, Kohlrabi, Zucchini)
2 Schalotten, 50 g geschälter, gerösteter Biohanf
Olivenöl, Butter
ca. 1 l Spargelfond (Kochwasser der Spargelreste)
2 EL frisch geriebener Parmesan
Salz, 1 Bund Petersilie

Zubereitung: Den Spargel waschen, schälen, und die unteren, holzigen Teile abschneiden. Die Spitzen ebenfalls abschneiden, in gezuckertem Salzwasser bissfest kochen, abkühlen und beiseitestellen. Den Rest der Spargelstangen in 3 cm lange Stücke schneiden.
Etwas Butter und Öl in einem Topf erhitzen, die fein gehackten Schalotten darin anschwitzen, die Spargelstücke dazugeben, mit Salz würzen. Mit wenig Spargelfond (Kochwasser der Spargelspitzen) aufgießen und zugedeckt bei schwacher Hitze 15 Minuten dünsten. Den Reis dazugeben, kurz durchziehen lassen und mit so viel Spargelfond aufgießen, dass der Reis gerade bedeckt ist. Hin und wieder umrühren. Wenn die Flüssigkeit verdampft ist, Spargelfond nachgießen. Sobald der Reis weich ist, einige Butterstücke und Parmesan einrühren.
In der Zwischenzeit das Gemüse rüsten und in Scheiben schneiden, in Salzwasser ca. 15 Minuten bissfest kochen und abseihen.
Das Gemüsewasser auffangen und das Schweinsfilet im Ganzen darin ca. 15 Minuten zart rosa pochieren.

Die Spargelspitzen mit geröstetem Biohanf bestreuen und gefällig auf einem Teller anrichten. Das Gemüse dazugeben, das Fleisch schräg in Scheiben schneiden und auf dem Risotto anrichten.

Karreerose vom Bio-Jungschwein

auf frischer roter Paradeissauce, dazu Broccoligemüse mit geröstetem Biohanfsamen und Biohanf-Semmelknödel

600 g Bio-Schweinskarree im Ganzen
3 Bio-Paradeiser
400 g Bio-Broccoli
4 Biohanf-Semmelknödel, siehe Seite 107
50 g gerösteter, geschälter Biohanfsamen
400 ml Biokräutersaft-Basissauce siehe Seite 70
50 g Bio-Butter
Biohanföl, Salz, Pfeffer, Majoran, Thymian, Lorbeerblatt

Zubereitung: Das Schweinskarree vom Fleischer auf die Rose zuputzen lassen und die Abschnitte mitnehmen. Das Backrohr auf 120° vorheizen.

Das Schweinskarree in einer Pfanne mit wenig Öl auf allen Seite anbraten und in eine Kasserolle umstechen. Dann die Fleischabschnitte in den Bratrückstand geben, ebenfalls anbraten und entfernen. Die Kasserolle mit dem Schweinskarree für 50 Minuten ins vorgeheizte Backrohr schieben.

Die Paradeiser kurz ins heiße Wasser tauchen, kalt abschrecken und die Haut abziehen. In der Mitte durchschneiden, den Strunk entfernen, in kleine Würfel schneiden und im Bratrückstand anschwitzen. Mit der Basissauce aufgießen, gut durchkochen und im Mixglas fein pürieren.

Den Broccoli in kleine Röschen teilen, ca. 4 Minuten kochen und mit dem Biohanfsamen in Butter schwenken.

Die Semmelknödel kochen, aus dem Wasser heben und mit dem Broccoli auf einem Teller anrichten. Das Fleisch aus dem Rohr nehmen, in Tranchen schneiden, dazulegen und mit der Paradeissauce napieren.

Bio-Schweinsmedaillons
auf buntem Gemüse-Hanfreis

12 Bio-Schweinsmedaillons, à 40 g
200 g Bio-Basmatireis
50 g Biohanfsamen
100 g geschälter Biohanfsamen
1 Bio-Zucchini
1 Bio-Paprika, rot
100 g Bio-Melanzane
3 Bio-Tomaten
1 Bio-Zwiebel
Bio-Rapsöl
50 g Bio-Butter
Salz, Pfeffer, frischer Origano

Zubereitung: Je 3 Schweinsmedaillons mit einer Seite in den geschälten Hanfsamen drücken und in Rapsöl medium braten, warmstellen.

Den Reis und den Hanfsamen in etwas Butter glasig rühren und mit Wasser 2 Finger breit über dem Reis aufgießen und dünsten. Das Gemüse und die Zwiebel in ca. 1 cm große Würfel schneiden, in Rapsöl scharf anbraten, mit Salz und Pfeffer würzen und mit dem fertigen Hanfreis locker vermengen.

Den Reis in der Tellermitte platzieren und die Medaillons dazulegen.

Rückensteak vom Bio-Schweinchen

in Schwarzbrotaroma, dazu Selleriescheiben in knuspriger Hanfsamenhülle

4 Bio-Schweinsrückensteaks
400 ml Biokräutersaft-Basissauce siehe Seite 70
400 g Bio-Sellerie
100 g gerösteter, geschälter Biohanfsamen
100 g Bio-Dinkelmehl
2 Bio-Eier
Bio-Rapsöl
Salz, Pfeffer, Bio-Brotgewürz

Zubereitung: Den Sellerie in gleichmäßig dicke Scheiben schneiden, kernig kochen und abkühlen. Mit Salz würzen und mit Hanfsamen panieren. In einer tiefen Pfanne das Rapsöl erhitzen, die Selleriescheiben darin knusprig ausbacken und auf Küchenkrepp abtropfen lassen.

Die Rückensteaks plattieren und in einer Pfanne mit erhitztem Rapsöl beidseitig braten. Mit Salz und Pfeffer würzen, herausnehmen und warmstellen.

Im Bratrückstand die Basissauce erhitzen und mit Brotgewürz würzen. Die Sauce auf dem Teller napieren, die Rückensteaks in der Mitte schräg durchschneiden und auf die Sauce legen. Die Selleriescheiben dazugeben.

Bio-Lammkoteletts an Kräutersauce
mit Biohanf-Speck-Grießknödel

12 Bio-Lammkoteletts
100 g Bio-Grieß
25 g Biohanfmehl
50 g Verhackert vom Biobauer
1/4 l Bio-Milch
2 Bio-Eier
400 ml Biokräutersaft-Basissauce siehe Seite 70
Bio-Rapsöl
Salz, Pfeffer, Majoran, Thymian

Zubereitung: Das Verhackert in einem Topf anschwitzen und mit der Milch aufgießen. In die kochende Milch den Grieß und das Hanfmehl einrühren und rühren, bis sich die Masse vom Geschirr löst. In die warme Masse die Eier unterheben, auskühlen lassen und mit nassen Händen 8 gleichmäßige Knödel formen. In Salzwasser kochen und ziehen lassen.

Die Lammkoteletts sauber zuputzen und in Rapsöl von beiden Seiten anbraten, mit Salz und Pfeffer würzen und warmstellen.

Im Bratrückstand die Basissauce erwärmen und mit den Kräutern würzen.

Die Sauce und die Speck-Grießknödel auf den Teller geben, die Lammkoteletts dazulegen.

Kärntner Bio-Lammrücken

im Ganzen gebraten an Thymiansauce, dazu gerührte Biohanfpolenta

600 g Bio-Lammrücken
250 g Bio-Polenta
50 g Biohanfmehl
600 ml Bio-Milch
50 g Bio-Butter
3 EL Bio-Sauerrahm
400 ml Biokräutersaft-Basissauce siehe Seite 70
2 Thymianzweige
Bio-Rapsöl, Salz, Pfeffer

Zubereitung: Das Backrohr auf 100° vorheizen.

Den Lammrücken von den Sehnen befreien, zuputzen und mit Salz und Pfeffer würzen. In einer Pfanne Rapsöl erhitzen, den Lammrücken darin von allen Seiten anbraten, die Thymianzweige dazulegen und im Backrohr für 18 bis 20 Minuten warmhalten.

Die Milch mit Salz und Butter aufkochen, die Polenta und das Biohanfmehl einrühren und cremig rühren. Den Sauerrahm unter die Polenta mengen, die Konsistenz sollte cremig sein, wenn nötig noch etwas Milch nachgeben.

Das Lamm aus dem Rohr nehmen, in den Bratrückstand die Basissauce einrühren und einmal aufkochen lassen.

Die Biohanfpolenta in einen Spritzsack füllen und auf den Teller dressieren. Die Sauce dazugeben, das Fleisch schräg in gleichmäßige Stücke schneiden und auf die Sauce legen.

Lammrücken
in der Maroni-Kartoffelhaube an Gemüsesauce

600 g Bio-Lammrücken
200 g Maroni, 50 g geschälter Biohanfsamen
150 g Bio-Kartoffeln, am besten mehlige
1 Ei, Bio-Rapsöl, Salz, Pfeffer

Gemüsesauce:
1 Bio-Karotte, 1/4 Stange Bio-Lauch
1/4 Bio-Sellerie, 1 Bio-Kartoffel
1/2 l Bio-Milch, 1/16 l Weißwein (Riesling)
2 EL Butter
Salz, Thymian, Majoran

Zubereitung: Das Backrohr auf 180° vorheizen. Die Maroni im Rohr wie gewohnt braten und schälen. Die Kartoffeln kochen, schälen und mit den Maroni durch die Kartoffelpresse drücken. Die Masse mit Salz und Pfeffer würzen und das Ei einarbeiten.
In einer Pfanne das Öl erhitzen und den geputzten Lammrücken rundum anbraten, mit Salz und Pfeffer würzen. Anschließend aus der Pfanne heben und mit der Maroni-Kartoffelmasse bedecken, den geschälten Biohanf draufdrücken. Auf ein Backblech geben und ca. 15 Minuten ins heiße Rohr schieben.

Gemüsesauce: Das Gemüse waschen, putzen und klein schneiden. In einem Topf die Butter erhitzen, das Gemüse anschwitzen und mit Weißwein ablöschen. Mit Milch oder Gemüsebrühe auffüllen und einmal aufkochen. Die geputzten, frischen Kräuter dazugeben, mit Salz würzen und im Mixglas fein pürieren, nochmals abschmecken.
Die Gemüsesauce auf den Teller geben, den Lammrücken schräg in Portionen teilen und auf die Sauce setzen.

Mein Tipp: Aus der Maroni-Kartoffelmasse lassen sich auch köstliche Schnitzel formen, die man in heißem Öl brät. Mit der Gemüsesauce könnte man auch schwarze Holunderbeeren (oder schwarze Holundermarmelade) mitmixen und mit einem Sauerrahmdip servieren.

Szegediner Gulasch im Biohanfduft

500 g Schweinsschulter oder Putenbrust
2 EL Rapsöl
100 g Zwiebeln
10 g Paprikapulver, edelsüß
500 g Sauerkraut
1 mehlige Kartoffel
2 EL Apfelessig
10 g Biohanföl
Salz, Pfeffer, Knoblauch, Kümmel, Lorbeerblatt

Zubereitung: Das Fleisch in ca. 3 cm große Würfel schneiden. In einer Pfanne das Rapsöl erhitzen und die in kleine Würfel geschnittenen Zwiebeln darin glasig andünsten, das Paprikapulver dazugeben und sofort mit Apfelessig und etwas Suppe ablöschen. Das Fleisch und das Sauerkraut (gewässert) beigeben und mit Wasser oder Suppe aufgießen, bis das Fleisch bedeckt ist. Zugedeckt ca. 45 Minuten dünsten (bei Verwendung von Putenbrust reichen 15 bis 20 Minuten). Mit den Aromaten abschmecken. Die Kartoffel in das Gulasch reiben, nochmals aufkochen und abschmecken.

Beim Anrichten das Biohanföl über die Speise träufeln.

Bio-Kalbsmedaillons
auf Lavendel-Hanfrisotto

8 Bio-Kalbsmedaillons
500 g Bio-Rundkornreis, kernig gekocht
100 g Biohanfsamen, gekocht
80 g gerösteter, geschälter Biohanfsamen
800 ml Biokräutersaft-Basissauce siehe Seite 70
Biohanföl
Salz, Pfeffer, 1 Lavendelzweig

Zubereitung: Die Kalbsmedaillons plattieren. In einer Pfanne das Biohanföl erhitzen, die Kalbsmedaillons von beiden Seiten anbraten, mit Salz und Pfeffer würzen, aus der Pfanne heben und warmstellen.

Im Bratrückstand die Hälfte der Basissauce erhitzen, den Lavendelzweig einlegen und den Reis und den Biohanfsamen einrühren, kochen lassen. Der Reis sollte cremig sein, wenn nötig, noch etwas Basissauce dazugeben.

Den Reis mit einem nassen Schöpfer auf den Teller geben, die Kalbsmedaillons drauflegen und mit dem Rest der Basissauce napieren. Geröstete Biohanfsamen rundum streuen.

Bio-Kalbsrückensteaks in der Hanfkruste

auf Weintrauben-Broccoliragout

4 Bio-Kalbsrückensteaks, à 120 g
100 g gerösteter, geschälter Biohanfsamen
je 200 g Bio-Weintrauben, rot und weiß
200 g Bio-Broccoli, gekocht
50 g Bio-Dinkelmehl
50 g Bio-Butter
1 Bio-Ei, 2 EL Bio-Balsamico
Salz, Pfeffer
Bio-Rapsöl

Zubereitung: Die Kalbsrückensteaks plattieren, mit Salz und Pfeffer würzen und eine Seite mit Mehl, verschlagenem Ei und gerösteten Biohanfsamen panieren. In einer Pfanne das Rapsöl erhitzen, die Kalbssteaks mit der Hanfseite zuerst einlegen, anbraten und dann wenden. Die Steaks herausnehmen, in das auf 70° vorgeheizte Backrohr geben und ziehen lassen.
Die Weintrauben waschen, in der Mitte durchschneiden und entkernen. Den Broccoli in kleine Röschen teilen. In einer Pfanne die Butter aufschäumen und die Weintrauben und die Broccoliröschen darin kräftig anschwitzen. Mit Balsamico ablöschen und mit Salz und Pfeffer würzen.
Das Weintrauben-Broccoliragout auf den Teller geben und das Kalbssteak drauflegen. Dazu passen Bratkartoffeln.

Tipp: Es ist ein Irrtum zu glauben, dass gesunde Küche ausschließlich fleischlos ist. Vielmehr ist eine ausgewogene Mischkost die optimale Ernährung. Der Fleischanteil sollte jedoch nicht größer als ca. 100 g pro Portion sein. Das Fleisch als Beilage zu sehen, das wäre das richtige Verhältnis.

DESSERTS

Biohanf-Apfelstrudel

500 g Bio-Äpfel, säuerlich
50 g Brösel
50 g Biohanfmehl
100 g Rohzucker
80 g geschälter Biohanfsamen
1 Ei
Rosinen, 1 Schuss Rum
Zimt
1 Packung Blätterteig

Zubereitung: Äpfel schälen und blättrig schneiden. Brösel mit dem Hanfmehl trocken, leicht anrösten. Die Äpfel mit Zucker, Zimt, Rum, Rosinen sowie den gemischten Bröseln vermengen.

Den Blätterteig ausrollen, die Hälfte des Teiges mit den Apfelscheiben belegen und vorsichtig einrollen. Den Apfelstrudel mit dem versprudelten Ei bestreichen, den geschälten Biohanfsamen darüberstreuen und im vorgeheizten Rohr bei 160° ca. 35 Minuten backen.

Biohanf-Erdäpfeltorte

7 Bio-Eier
500 g Bio-Erdäpfel, gekocht
200 g brauner Bio-Zucker
200 g Bio-Mandeln
50 g geschälte Biohanfnüsse
1 Messerspitze Bio-Backpulver (Weinsteinpulver)
1 Prise Bio-Zimt
1 Schuss Bio-Rum
1 EL Bio-Zitronensaft

Zubereitung: Eier trennen. Dotter mit Zucker schaumig schlagen, danach gepresste Erdäpfel, Mandeln, Biohanfnüssse, Rum, Zimt, Backpulver und Zitronensaft dazugeben und mixen. Abschließend den steifgeschlagenen Schnee mit dem Schneebesen unterheben. Teig in eine Tortenform füllen und bei 180° im Backrohr 1 Stunde backen.

Biohanf-Karottentorte

250 g Bio-Dinkelmehl
50 g Biohanfmehl
100 g Bio-Butter
120 g brauner Bio-Zucker
150 g Bio-Topfen, passiert
4 Bio-Eier
1/8 l Bio-Milch
100 g Bio-Karotten
1/2 Bio-Zitrone, unbehandelt

Zubereitung: Das Hanfmehl trocken, ohne Fett leicht anrösten. Die Karotten schälen, fein raspeln und mit dem Dinkelmehl vermengen.

Die Butter mit der Hälfte des Zuckers und der abgeriebenen Zitronenschale schaumig rühren. Eidotter nach und nach dazugeben und den Topfen und die Milch unterrühren. Das Eiklar mit dem restlichen Zucker glasig schlagen und mit dem Mehl abwechselnd unter die Masse heben. In eine Tortenform füllen und bei 160° 50 bis 60 Minuten backen.

Tipp: Die Torte mit Bio-Marillenmarmelade bestreichen und mit einer Zuckerglasur (Saft von 2 Bio-Zitronen mit ca. 350 g Bio-Staubzucker zähflüssig verrühren) überziehen.

Biohanf-Karotten-Topfentorte

250 g Bio-Butter, 250 g brauner Bio-Zucker
250 g Biohanfmehl, 6 Bio-Eier
1/2 Vanilleschote

Fülle:
500 g Bio-Topfen, mager
1/4 l Bio-Schlagobers, 5 g Bio-Waldhonig
1/8 l frisch gepresster Bio-Karottensaft
6 Blatt Bio-Gelatine
Kräutermischung aus: Erdbeerblätter, Brombeerblätter, Himbeerblätter, Kornblumen, Ringelblumen, Dost, Kamillen

Zubereitung: Den Backofen auf 160° vorheizen. Die Eier trennen. Die handwarme Butter mit der Hälfte des Zuckers schaumig rühren und die Dotter nach und nach dazugeben. Das Biohanfmehl unter die Masse heben und den mit der anderen Hälfte des Zuckers cremig geschlagenen Eischnee behutsam unterziehen. In eine ausgebutterte Tortenform geben und bei 160° ca. 35 Minuten backen. Dann den Tortenring entfernen und die Torte auskühlen lassen.
In der Zwischenzeit das Schlagobers in einen Topf geben und mit den in ein Teeei gefüllten Kräutern aufkochen, ziehen lassen. Nach ca. 5 Minuten das Teeei entfernen und das Schlagobers auskühlen.
Den Topfen mit dem Kräuterobers, dem Honig und dem frisch gepressten Karottensaft verrühren. Die Gelatine in kaltem Wasser einweichen, ausdrücken, in einer kleinen Pfanne erwärmen und in die Masse einrühren.
Die Torte in der Mitte durchschneiden, den unteren Teil wieder in die Tortenform (mit Ring) zurücksetzen und 3/4 der Topfen-Karottenmasse hineingießen. Den Tortendeckel draufsetzen, mit dem Rest der Masse überziehen und die Torte für mindestens 2 Stunden in den Kühlschrank geben.

Süße Biohanf–Polentanockerln

auf Nougatspiegel

150 g Bio-Polenta
80 g Biohanfmehl
300 ml Bio-Milch
50 g Bio-Butter
2 EL Bio-Sauerrahm
50 g Topfen
100 g Bio-Nougat
50 ml Bio-Schlagobers
frische Früchte der Saison

Zubereitung: Das Hanfmehl in einer Pfanne ohne Fett leicht rösten, bis es sein nussiges Aroma voll entfaltet (Achtung, das Mehl darf nicht rauchen!). Die Milch mit den Gewürzen, der Butter und dem Biohanfmehl aufkochen lassen, die Polenta langsam einrühren, ca. 15 Minuten nachquellen lassen. Die Polenta sollte schön cremig sein, gegebenenfalls noch etwas Milch einrühren. Anschließend den Sauerrahm und den Topfen unterrühren.

Für den Spiegel das Nougat mit dem Obers aufkochen, etwas reduzieren lassen und kaltstellen.

Mit Nougat auf dem Teller einen schönen runden Spiegel machen und mit etwas verrührtem Sauerrahm dekorieren. Den restlichen Sauerrahm in die Polenta einrühren und mit 2 Esslöffeln oder einem Eisportionierer aus der Masse Nockerln formen, anrichten und mit Staubzucker bestreuen. Mit frischen Früchten garnieren.

Biohanf-Topfenmousse

250 g Bio-Topfen, passiert
100 g Biohanfmehl
50 g Bio-Honig
100 g Bio-Schlagobers
1 Bio-Zitrone, unbehandelt
1/2 Vanilleschote
frische Früchte der Saison

Zubereitung: Den Topfen mit Honig und etwas abgeriebener Zitronenschale gut verrühren. Die Vanilleschote der Länge nach halbieren, Mark mit einem Messer herauskratzen und ebenfalls dazugeben. Das Biohanfmehl in einer Pfanne ohne Fett, trocken etwas anrösten und überkühlen lassen. In die Topfenmasse einrühren und das geschlagene Obers unterziehen. In eine Schüssel füllen und im Kühlschrank 2 Stunden durchkühlen lassen.

Mit einem nassen Löffel vom Mousse Nockerln abziehen und mit frischen Früchten der Saison garnieren.

Biohanf-Germteig

420 g Bio-Dinkelmehl
80 g Biohanfmehl
20 g Bio-Trockenhefe
80 g brauner Bio-Zucker
1/8 l Bio-Milch
80 g Bio-Butter
4 Bio-Eidotter
1 Messerspitze Salz
1/2 Bio-Zitrone, unbehandelt
1/2 Vanilleschote (Mark)

Zubereitung: Die Milch mit Zucker, Vanillemark, Butter, Salz und Eidottern leicht erwärmen. Das Mehl mit dem Hanfmehl mischen, die abgeriebene Zitronenschale dazugeben und mit der Trockenhefe vermengen. Das Milchgemisch langsam in das Mehl einrühren und zu einem feinen Teig schlagen (bis sich der Teig vom Schüsselrand löst). Den Teig ca. 30 Minuten rasten lassen und je nach Wunsch weiterverarbeiten, z. B. für Reindling, Buchteln, Strudel, usw.

Biohanfpalatschinken

100 g Bio-Dinkelmehl
2 EL Biohanfmehl
3 Bio-Eier
1/4 l Bio-Milch
Salz
Biohanföl

Zubereitung: Aus Dinkelmehl, Hanfmehl, Milch, Salz und Eiern einen homogenen Palatschinkenteig rühren und in wenig Biohanföl hauchdünne Palatschinken ausbacken.

Dieses Rezept eignet sich für Dessertpalatschinken mit verschiedenen Füllungen, wie Marmelade, Nüssen, Schokolade, Eis oder Schlagobers mit Früchten.

Die Palatschinken sind auch als Wraps mit Spinat- oder Gemüsefüllung usw. zu verwenden.

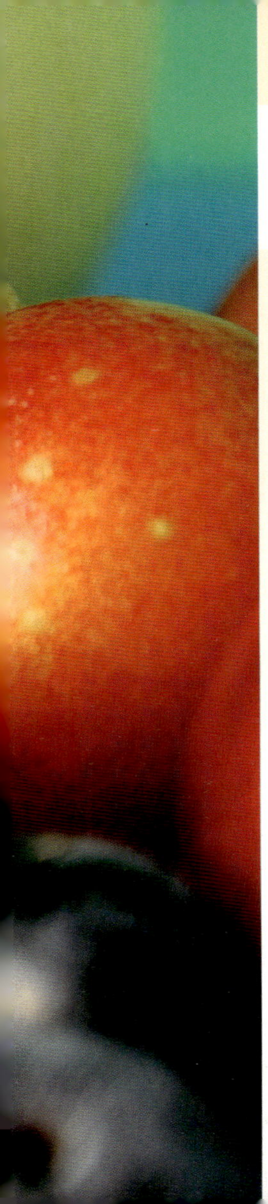

Hanftorte

6 Bio-Eier
150 g Bio-Butter
100 g Bio-Staubzucker
100 g Bio-Kristallzucker
Prise Salz
200 g Biohanfmehl
30 g Bio-Mehl

Zubereitung: Eier trennen. Butter mit Staubzucker schaumig schlagen, Dotter nach und nach unterrühren. Eiklar mit Kristallzucker und einer Prise Salz zu Schnee schlagen, gemeinsam mit Hanfmehl und Mehl unter die Dottermasse heben. In eine passende Tortenform (Durchmesser 22 cm) füllen und im vorgeheizten Backrohr bei 160° ca. 40 Minuten backen.

Biohanfbuchteln

420 g Bio-Dinkelmehl
80 g Biohanfmehl
20 g Bio-Trockenhefe
80 g brauner Bio-Zucker
1/8 l Bio-Milch
80 g Bio-Butter
4 Bio-Eidotter
1 Messerspitze Salz
1/2 Bio-Zitrone, unbehandelt
1/2 Vanilleschote (Mark)
Bio-Butter zum Backen

Zubereitung: Die Milch mit Zucker, Vanillemark, Butter, Salz und Eidottern leicht erwärmen. Das Mehl mit dem Hanfmehl mischen, die abgeriebene Zitronenschale dazugeben und mit der Trockenhefe vermengen. Das Milchgemisch langsam in das Mehl einrühren, zu einem feinen Teig schlagen (bis sich der Teig vom Schüsselrand löst) und zugedeckt ca. 30 Minuten rasten lassen. Danach den Teig auf einer bemehlten Arbeitsfläche nicht zu dünn ausrollen, in kleine Stücke schneiden (6 x 6 cm), einen kleinen Löffel Marillenmarmelade in die Mitte setzen und den Teig darüberklappen. Mit der Naht nach unten in eine gut befettete Auflaufform geben. Bei 170° ca. 35 bis 40 Minuten backen. Dazu passt eine Vanillesauce.

Biohanf-Kaiserschmarren

110 g Bio-Dinkelmehl
40 g Biohanfmehl
6 Bio-Eier
30 g brauner Bio-Zucker
1/4 l Bio-Milch
50 g Bio-Butter
40 g Bio-Rosinen
Salz
Bio-Puderzucker zum Bestreuen

Zubereitung: Eier trennen. Mehl, Salz und Dotter mit der Milch zu einem dickflüssigen Teig verrühren. Die Eiklar mit dem Zucker zu einem steifen Schnee schlagen und unter den Teig heben. Die Butter in einer Pfanne aufschäumen, den Teig eingießen, anbacken und mit den Rosinen bestreuen. Anschließend wenden und bei mäßiger Hitze im Rohr fertig backen. Danach mit zwei Gabeln in unregelmäßige Stücke teilen und einmal durchschwenken. Mit Puderzucker bestreuen.

Tipp: Dazu passt Apfelmus, Zwetschkenröster, oder selbst gemachtes Kompott aus frischen Früchten der Saison.

„Mund auf"-Biohanfkuchen

250 g brauner Bio-Zucker
250 g Bio-Butter
250 g Biohanfmehl
6 Bio-Eier
3 EL Bio-Dinkelmehl

Zubereitung: Die Eier trennen. Die Butter mit der Hälfte des Zuckers schaumig rühren und die Dotter nach und nach einrühren. Aus Eiklar und restlichem Zucker einen cremigen Schnee schlagen und diesen abwechselnd mit dem vermischten Hanf- und Dinkelmehl unter die Dottermasse heben. Den Teig in eine befettete Königskuchenform füllen und bei 160° ca. 40 Minuten backen.

Biohanfmuffin

150 g Bio-Dinkelvollkornmehl
150 g Biohanfmehl
200 g Bio-Butter
125 g brauner Bio-Zucker
4 Bio-Eier
4 EL Bio-Milch
Vanillezucker

Zubereitung: Den Backofen auf 190° vorheizen und ein Muffinblech einfetten.

Die Eier trennen und das Eiweiß mit der Hälfte des Zuckers zu einem cremigen Schnee schlagen.

Butter, Dotter und Vanillezucker mit der restlichen Menge des Zuckers schaumig rühren. Die Milch dazugeben und die vermischten Mehle abwechselnd mit dem Schnee behutsam unter die Buttermasse heben. Die Masse ca. 3/4 hoch in die Formen füllen und ca. 30 Minuten backen.

Biohanfbiskuit

4 Bio-Eier
100 g brauner Bio-Zucker
110 g Bio-Dinkelmehl
10 g Biohanfmehl, geröstet
2 g Bio-Pfeilwurzelmehl oder Bio-Maisstärke
1/2 Vanilleschote (Mark)

Zubereitung: Die Eier trennen. Dotter mit der Hälfte des Zuckers und Vanillemark schaumig rühren, das Eiweiß mit dem restlichen Zucker zu einem cremigen Eischnee schlagen. Das Pfeilwurzelmehl mit dem Mehl und dem gerösteten, abgekühlten Hanfmehl abwechselnd mit dem Eischnee unter die Dottermasse heben. Ein Backblech mit Backpapier auslegen, die Masse fingerhoch aufstreichen und im Rohr bei 160° ca. 10 bis 12 Minuten backen. Das Biskuit aus dem Rohr nehmen und auf ein mit etwas Zucker bestreutes Backpapier stürzen. Mit dem Papier straff einrollen.

Die Biskuitroulade ist bereit für die verschiedensten Füllungen, wie z. B. passierter Marillenmarmelade, Preiselbeermarmelade, oder Cremen aus Schokolade und Topfen, mit Mokka, oder Jogurt mit Früchten. Der Kreativität sind keine Grenzen gesetzt.

Biohanf-Marillenkuchen

250 g brauner Bio-Zucker
250 g Bio-Butter
250 g Biohanfmehl
50 g geschälter Biohanf
3 EL Bio-Dinkelmehl
6 Bio-Eier
500 g Bio-Marillen
2 EL kalte Milch

Zubereitung: Die Eier trennen. Die Butter mit der Hälfte des Zuckers schaumig rühren, die Dotter nach und nach unterrühren und die Milch dazugeben. Aus Eiklar und restlichem Zucker einen cremigen Schnee schlagen und mit den vermischten Mehlen abwechselnd unter die Dottermasse heben. Die Masse gleichmäßig auf ein gefettetes Backblech streichen, den geschälten Biohanf auf den Teig streuen und die gewaschenen, entsteinten und halbierten Marillen mit der Innenseite nach oben, geordnet auf die Masse setzen. Im vorgeheizten Backrohr bei 160° 35 Minuten backen.

Panna Cotta vom Biohanftee

500 g Schlagobers
5 g Hanfblütentee
1 Vanilleschote
50 g Zucker oder Honig
2 Blatt Gelatine

Kalorienarme Variante:
250 g Schlagobers
250 ml Milch
4 Blatt Gelatine

Zubereitung: Schlagobers erhitzen, den Hanfblütentee, das ausgekratzte Vanillemark und den Zucker zufügen und ca. 15 Minuten bei mittlerer Hitze leicht wallen lassen. Die Gelatine in kaltem Wasser ca. 4 Minuten quellen lassen, ausdrücken und in das warme Obers einrühren.

Kleine Dariolformen, eine Terrinenform oder Mokkatassen mit Klarsichtfolie auslegen und das überkühlte Obers durch ein Sieb einfüllen. Nach dem vollständigen Auskühlen für ca. 3 Stunden in den Kühlschrank stellen. Stürzen, die Folie abziehen und mit diversen Fruchtsoßen, Schokolade, Nougat oder frischen Früchten anrichten.

Tipp: Original Panna Cotta ist auf die Hälfte reduziertes Schlagobers, da spart man sich die Gelatine.

Kärntner Biohanf-Reindling

420 g Bio-Dinkelmehl
80 g Biohanfmehl
20 g Bio-Trockengerm, 80 g brauner Bio-Zucker
1/8 l Bio-Milch, 80 g Bio-Butter
4 Bio-Eidotter , 1 Messerspitze Salz
1/2 Bio-Zitrone, unbehandelt
1/2 Vanilleschote (Mark), Bio-Butter für die Form

Fülle:
80 g Biohanfmehl
100 g Bio-Haselnüsse, gerieben
70 g Bio-Kuchenbrösel, ersatzweise Bio-Semmelbrösel
60 g brauner Bio-Zucker, 50 g Bio-Rosinen
20 g Bio-Honig, 1/8 l Bio-Milch
1/2 Vanilleschote (Mark)

Zubereitung: Die Milch mit Zucker, Vanillemark, Butter, Salz und Eidottern leicht erwärmen. Das Mehl mit dem Hanfmehl mischen, die abgeriebene Zitronenschale dazugeben und mit der Trockengerm vermengen. Das Milchgemisch langsam in das Mehl einrühren und zu einem feinen Teig schlagen (bis sich der Teig vom Schüsselrand löst), ca. 30 Minuten rasten lassen.

Danach den Teig auf einer bemehlten Arbeitsfläche zu einem ca. 2 cm hohen Rechteck ausrollen, mit der erkalteten Hanffülle zu einem Drittel bestreichen und wie eine Roulade zusammenrollen. In eine gut ausgebutterte Gugelhupfform legen und bei 160° ca. 50 Minuten backen.

Fülle: Das Hanfmehl und die Nüsse in einem Topf trocken leicht anrösten, mit Milch aufgießen, Zucker, Honig, Rosinen, Vanillemark und Kuchenbrösel dazugeben und einmal aufkochen lassen.

Biohanf-Erdbeer-Topfenschnitte

250 g Bio-Butter
250 g Bio-Rohzucker, 250 g Biohanf
3 EL Dinkelmehl (ohne Mehl glutenfrei, zöliakiegeeignet)
6 Bio-Eier, 1/2 Bio-Vanilleschote (Mark)

Fülle:
250 g Bio-Topfen, 2 EL Bio-Sauerrahm
100 g Bio-Erdbeeren, 1/8 l Bio-Schlagobers
100 g Bio-Staubzucker, 1/2 Bio-Vanilleschote (Mark)
4 Blatt Gelatine

Zubereitung: Die Eier trennen. Die Butter mit Vanillemark und der Hälfte des Zuckers schaumig rühren und die Dotter nach und nach einrühren. Aus Eiklar und restlichem Zucker einen cremigen Schnee schlagen, das Hanfmehl und das Dinkelmehl vermischen und mit dem Schnee abwechselnd unter die Masse heben. Diese auf ein befettetes Backblech geben und bei 160° ca. 25 Minuten backen. Den Blechkuchen auskühlen lassen und der Breite nach in drei gleichmäßige Streifen schneiden.
Den ersten Streifen des Kuchens mit Topfenfülle bestreichen, den zweiten drauflegen und den Rest der Fülle aufstreichen. Nun den dritten Kuchenstreifen draufsetzen und die Schnitte im Kühlschrank ca. 3 Stunden erkalten lassen.
Mit Staubzucker bestreuen und mit Schlagobers und frischen Erdbeeren garnieren.

Fülle: Topfen, Sauerrahm, Zucker und Vanillemark verrühren, die Erdbeeren mixen und unter die Masse geben. Die Gelatine ca. 5 Minuten in Wasser einweichen, ausdrücken, leicht erwärmen und unter die Topfenmasse rühren. Bevor die Masse stockt, das geschlagene Obers unterheben.

Vanille-Biohanfparfait

4 Bio-Eier
150 g brauner Bio-Zucker
1/2 l Bio-Schlagobers
1/2 Vanilleschote
150 g gerösteter, geschälter Biohanfsamen

Zubereitung: Die Hanfsamen in einer Pfanne ohne Fett, trocken, leicht anrösten.
Die Eier mit dem Zucker über Dampf warmschlagen, bis eine dickschaumige Masse entsteht, danach kaltschlagen. Vanillemark und 100 g des Hanfsamens unterheben, das geschlagene Obers unterziehen und die Masse in einen Spritzsack füllen. In mit Frischhaltefolie ausgelegte, gekühlte Dariolformen oder eine Rehrückenform einspritzen. Mindestens 5 Stunden in den Tiefkühler geben.
Das Parfait aus der Form stürzen, die Frischhaltefolie abziehen und den restlichen gerösteten Hanfsamen darüberstreuen.

Tipp: Die kalten Formen kurz in heißes Wasser tauchen, dann löst sich das Parfait leicht aus der Form.

Erdbeermuffin

100 g Bio-Dinkelvollkornmehl
100 g Biohanfmehl
100 g Bio-Butter
100 g brauner Bio-Zucker
2 Bio-Eier
1 TL Weinstein-Backpulver
100 ml Bio-Jogurt
Zimt, Vanillezucker

Fülle:
250 g Bio-Topfen
3 EL Bio-Sauerrahm
150 g Bio-Erdbeeren
100 g Bio-Staubzucker
1/2 Vanilleschote (Mark)

Zubereitung: Den Backofen auf 190° vorheizen und ein Muffinblech einfetten.

Butter, Zucker, Eier, Vanillezucker, Zimt und Jogurt schaumig rühren, das Mehl mit Backpulver und Hanfmehl vermischen und unter die Masse heben. Den Teig ca. 3/4 hoch in die Formen füllen und ca. 30 Minuten backen.

Die ausgekühlten Muffins nach dem ersten Drittel von oben quer durchschneiden. Auf den unteren Teil der Muffins die Fülle aufspritzen und mit gewaschenen und halbierten Erdbeeren belegen. Nochmals etwas Fülle draufspritzen und mit dem Deckel abschließen.

Fülle: Topfen, Zucker und Vanillemark verrühren, 50 g Erdbeeren mixen und unter die Masse geben. Die Gelatine ca. 5 Minuten in Wasser einweichen, ausdrücken, leicht erwärmen und unter die Topfenmasse rühren. Bevor die Masse stockt, den Sauerrahm unterheben, alles in einen Spritzsack geben und ca. 10 Minuten anziehen lassen.

BROTE

Biohanf-Karottenbrot

2000 g Bio-Urdinkel-Vollkornmehl
1000 g Bio-Roggenvollkornmehl
300 g Biohanfsamen, gekocht
2 Bio-Karotten, geschält, geraspelt
500 g Biohanfmehl
2 Päckchen Bio-Trockenhefe
1 Bio-Sauerteigextrakt
2,2 l lauwarmes Wasser
Alternativ: natürlich angesetzter Sauerteig
Salz, Brotgewürz

Zubereitung: Die zimmertemperierten Mehle mit Trockenhefe, Sauerteigextrakt, Salz, Brotgewürz, Hanfsamen und den frisch geraspelten Karotten vermischen und das Wasser dazugeben. Bei der Zugabe von Wasser aufpassen, denn Mehle sind von Mühle zu Mühle verschieden. Es empfiehlt sich nicht alles auf einmal dazuzugeben, sondern erst einmal die Konsistenz zu prüfen und nur bei Bedarf nachzugießen.
Das Brot gut kneten, es sollte im Inneren die gleiche Temperatur haben wie außen.
Das Brot in einer Brotform oder einer Königskuchenform bei 30 bis 35° ca. 2 bis 3 Stunden gehen lassen. Das Backrohr auf 250° vorheizen. Das Brot mit der Oberseite in Hanfmehl wälzen, auf ein befettetes Backblech geben und in den Ofen schieben. Eine Schale Wasser für die Dampfentwicklung dazustellen. Das Brot bei 190° ca. 15 Minuten backen und danach bei 160° 35 Minuten fertig backen. Es ist fertig, wenn ein leichtes Klopfen auf die Unterseite des Brotes hohl klingt.

Natürlich angesetzter Sauerteig: 100 g Vollkornroggen, fein gemahlen, lauwarmes Wasser (Menge nach Bedarf). Vollkornroggen mit lauwarmem Wasser zu einem sämigen Brei vermengen. Roggenbrei in einem Glas an einen warmen Ort stellen, mit Folie abdecken und 2 bis 3 Tage rasten lassen.
Täglich einmal umrühren. Wenn sich kleine Bläschen bilden, ist der Ansatz fertig und man kann ihn für den 2. Ansatz verwenden.

Biohanf-Dinkelbrot

550 g Vollkorndinkelmehl
100 g Biohanfmehl
50 g Biohanfsamen, gekocht
1 Päckchen Bio-Trockenhefe
1/2 l lauwarmes Wasser
1 TL brauner Zucker
Salz

Zubereitung: Das zimmertemperierte Mehl mit Trockenhefe, Salz, Biohanfsamen und Biohanfmehl vermischen und das Wasser dazugeben. Bei der Zugabe von Wasser aufpassen, denn Mehle sind von Mühle zu Mühle verschieden. Es empfiehlt sich, nicht alles auf einmal dazuzugeben, sondern erst einmal die Konsistenz zu prüfen und nur bei Bedarf nachzugießen.

Das Brot gut kneten, es sollte im Inneren die gleiche Temperatur haben wie außen.

Das Brot in einer Brotform oder einer Königskuchenform bei 30 bis 35° ca. 2 bis 3 Stunden gehen lassen.

Das Backrohr auf 250° vorheizen. Das Brot auf ein befettetes Backblech geben, ins Rohr schieben und eine Schale mit Wasser für die Dampfentwicklung dazustellen. Das Brot bei 190° ca. 15 Minuten backen und danach bei 160° ca. 35 Minuten fertig backen. Es ist fertig, wenn ein leichtes Klopfen auf die Unterseite des Brotes hohl klingt.

Biohanf-Vollkornweckerln

450 g Bio-Vollkorndinkelmehl
50 g Biohanfmehl
1 Päckchen Bio-Trockenhefe
3/8 l lauwarme Bio-Milch
Salz

Zubereitung: Dinkelmehl, Hanfmehl, Trockenhefe und Salz mischen, mit der warmen Milch zu einem homogenen Teig kneten. Aus dem Teig gleichmäßige kleine Laibchen formen, auf ein geöltes Backblech legen und zugedeckt ca. 25 bis 30 Minuten warm gehen lassen.

Verschiedene Variationen für den Belag:

Biohanfnussweckerl

50 g geschälte Biohanfnüsse
50 g lauwarme Milch

Die Laibchen mit der lauwarmen Milch bestreichen und mit den gerösteten, geschälten Hanfnüssen bestreuen. Im Ofen bei 180° ca. 20 Minuten backen.

Biohanf-Ballaststoffweckerl

Biohanfsamen ca. 40 Minuten kochen, die Laibchen mit der lauwarmen Milch bestreichen und mit Hanfsamen bestreuen. Im Ofen bei 180° ca. 20 Minuten backen.

Wer die Oberfläche der Weckerln knackiger möchte, kann auf das Kochen der Biohanfsamen verzichten.

Biohanf-Käseweckerl, mit geriebenem Bio-Almkäse

Die Laibchen mit der lauwarmen Milch bestreichen und mit geriebenem Bio-Almkäse und geschälten Biohanfnüssen bestreuen. Im Ofen bei 180° ca. 20 Minuten backen.

Biohanfnussweckerl mit Karotten

In den Weckerlteig 2 frische Bio-Karotten reiben, wie oben beschrieben fertig stellen und Biohanfnuss-Garnitur verwenden.

„Mund auf"-Biohanfbrot

2000 g Bio-Urdinkelvollkornmehl
1000 g Bio-Roggenvollkornmehl
300 g Biohanfsamen, gekocht
500 g Biohanfmehl
2 Päckchen Bio-Trockenhefe
1 Bio-Sauerteigextrakt
2,2 l lauwarmes Wasser
1 EL Apfelessig
Alternativ: natürlich angesetzter Sauerteig
Salz, Brotgewürz

Zubereitung: Die zimmertemperierten Mehle mit Trockenhefe, Sauerteigextrakt, Salz, Brotgewürz und Hanfsamen vermischen, das Wasser und den Essig dazugeben. Bei der Zugabe von Wasser aufpassen, denn Mehle sind von Mühle zu Mühle verschieden. Es empfiehlt sich, nicht alles auf einmal dazuzugeben, sondern erst einmal die Konsistenz zu prüfen und nur bei Bedarf nachzugießen.

Das Brot gut kneten, es sollte im Inneren die gleiche Temperatur haben wie außen.

Das Brot in einer Brotform oder einer Königskuchenform bei 30 bis 35° ca. 2 bis 3 Stunden gehen lassen.

Das Backrohr auf 250° vorheizen. Das Brot mit der Oberseite in Hanfmehl wälzen, auf ein befettetes Backblech geben und in den Backofen schieben. Eine Schale Wasser für die Dampfentwicklung dazustellen. Das Brot bei 190° ca. 15 Minuten backen und bei 160° 35 Minuten fertig backen. Es ist fertig, wenn ein leichtes Klopfen auf die Unterseite des Brotes hohl klingt.

Natürlich angesetzter Sauerteig: 100 g Vollkornroggen, fein gemahlen lauwarmes Wasser (Menge nach Bedarf).

Vollkornroggen mit lauwarmem Wasser zu einem sämigen Brei vermengen. Roggenbrei in einem Glas an einen warmen Ort stellen, mit Folie abdecken und 2 bis 3 Tage rasten lassen.

Täglich einmal umrühren. Wenn sich kleine Bläschen bilden, ist der Ansatz fertig und man kann ihn für den 2. Ansatz verwenden.

KEKSE

Hanfinis

150 g glattes Bio-Mehl
60 g Bio-Butter, 60 g Staubzucker
1/2 Vanilleschote (Mark)
1/2 TL Weinstein-Backpulver, 1 Ei, Salz

Belag:
100 g Bio-Butter, 100 g Staubzucker
1/2 Vanilleschote (Mark)
150 g geschälte Hanfkörner
50 g Haselnüsse, gerieben
5 EL Ribiselmarmelade, 3 EL Wasser
Nougat

Zubereitung: Das Mehl mit Backpulver und einer Prise Salz mischen, die kalte Butter verbröseln und mit den anderen Zutaten rasch zu einem Mürbteig kneten. Den Teig in eine Frischhaltefolie einwickeln und für gut 30 Minuten im Kühlschrank rasten lassen.

In der Zwischenzeit für den Belag die geschälten Hanfkörner in einer Pfanne trocken rösten, andere Zutaten dazugeben und alles leicht erwärmen.

Das Backrohr auf 180° vorheizen. Den Teig auf einem Backpapier ausrollen und damit auf das Blech geben.

Die glatt gerührte Ribiselmarmelade und den Belag auf den Teig streichen und ca. 25 Minuten backen. Danach aus dem Rohr nehmen, etwas auskühlen lassen und in gleichmäßige Stücke schneiden. Die Stücke mit einer Hälfte in erwärmtes Nougat und anschließend in geröstete, geschälte Hanfkörner tauchen.

Tipp: Der Teig lässt sich leichter ausrollen und klebt nicht am Nudelwalker, wenn man eine Frischhaltefolie über den Teig legt.

Hanftaler

120 g glattes Mehl
120 g Butter
70 g Staubzucker
80 g Hanfmehl

70 g Ribiselmarmelade
200 g Kochschokolade
100 g Schlagobers
100 g geröstete, geschälte Hanfnüsse

Zubereitung: Aus den Zutaten rasch einen Mürbteig kneten, mit Frischhaltefolie einwickeln und ca. 30 Minuten im Kühlschrank rasten lassen. Das Backrohr auf 160° vorheizen. Den Teig auf einer bemehlten Arbeitsfläche ca. 3 mm dick auswalken und mit einem runden Ausstecher (Ø ca. 5 cm) Scheiben ausstechen. Das Backblech mit Backpapier auslegen, mit den Scheiben belegen und im vorgeheizten Backrohr ca. 11 Minuten backen. Die Kekse auskühlen lassen, die Hälfte der Kekse mit der glatt gerührten Ribiselmarmelade bestreichen und die andere Hälfte draufsetzen.

Die Kochschokolade mit dem Schlagobers aufkochen und etwas reduzieren lassen. Die Schokolade überkühlen und die Kekse mit der Oberseite darin eintauchen. Anschließend mit gerösteten, geschälten Hanfnüssen bestreuen.

Haferflockenkekse

150 g Haferflocken, geröstet
50 g Dinkelvollkornmehl
100 g geschälter Hanfsamen
1 Ei
3 EL Wasser
70 g Waldhonig
1/2 TL Vanillemark
1 TL Weinstein-Backpulver
125 g weiche Butter
Salz

Zubereitung: Alle Zutaten in angegebener Reihenfolge gut verkneten. 10 bis 15 Minuten rasten lassen. Mit zwei Teelöffeln kleine Teighäufchen formen und diese auf ein gefettetes Backblech setzen. Im Backrohr bei 200° ca. 10 bis 15 Minuten backen.

Biohanf-Vanillekipferln

150 g Butter
75 g Biohanfmehl
50 g Zucker
200 g Mehl

Staubzucker, mit echtem Vanillemark gewürzt

Zubereitung: Alle Zutaten rasch zu einem glatten Teig verarbeiten und ca. 1 Stunde im Kühlschrank kaltstellen. Danach aus dem Teig eine 2 cm starke Rolle formen und davon gleichmäßige Stücke abschneiden. Diese zu kleinen Rollen formen, die am Anfang und Ende etwas dünner zulaufen. In Halbmondform biegen und auf ein gebuttertes Backblech setzen. Auf der mittleren Schiene in den vorgeheizten Backofen schieben. Die Kipferln ca. 10 Minuten backen und noch heiß in Vanille-Staubzucker wälzen.

Rezepte – von A bis Z

B

Rezepte von A bis Z